천 개의 단어, 생각의 틈을 비집는 문장들,
그리고 억겁의 시간이 모인 결정체
이어령 어록집

나를 떠난 글이 당신 안에서 거듭나기를

이어령

이어령의 말
II

**일러두기**

1 단행본 및 정기간행물은 『 』, 시와 소설, 평론 등은 「 」, 영화와 TV 프로그램, 전시, 그림은 〈 〉, 노래는 ' '로 묶었다.
2 명백한 오류에 한해 저작권자와 협의해 바로잡았으며, 그 외 내용은 원문을 가능한 충실히 따랐다.
3 병기는 일반 표기 원칙에 따라 최초 노출 뒤 반복하지 않았으나, 필요시 원문과 동일하게 병기했다.
4 본문에 언급된 책, 작품, 프로그램이 우리말로 번역된 경우 그 제목을 따랐으며 그렇지 않은 경우 원문에 가깝게 옮겼다.

# 이어령의 말

이어령 어록집

# II

나를 떠난 글이 당신 안에서 거듭나기를

세계사

**차례**

10
감성: 인간의 조건　　　　　　　　　　　*008*

---

11
지성: 백지 앞의 지식인　　　　　　　　*036*

---

12
자연: 계절이 부르는 노래　　　　　　　*080*

---

13
문화: 결과 알맹이　　　　　　　　　　*116*

---

14
물질: 현대인의 풍경　　　　　　　　　*158*

## 15
### 정신: 자기 생을 찾는 빛 *196*

## 16
### 일상: 종지부 없는 이야기 *226*

## 17
### 상상: 아무것과 별것 *282*

## 18
### 생명: 모태와 무덤 사이 *308*

색인 *346*

저작물 목록 *369*

# 10

## 감성: 인간의 조건

### 아름다움

사람은 어떤 고난과 역경 속에서도 아름다움을 사랑하는 마음을 잃지 않아야 한단다. 그것이야말로 인간을 인간답게 만드는 첫 번째 조건이라고 할 수 있어.

### 눈물

눈물만이 우리가 인간이라는 걸 증명해준다. 이제 인간은 박쥐가 걸리던 코로나도, 닭이 걸리던 조류인플루엔자도 걸린다. 그럼 무엇으로 짐승과 사람을 구별할 수 있을까? 눈물이다. 낙타도 코끼리도 눈물을 흘린다고 하지만, 정서적 눈물은 사람만이 흘릴 수 있다. 로봇을 아무리 잘 만들어도 눈물을 흘리지 못한다.

### 달걀

외할머니 댁에 가면 또 때를 맞춰서 암탉이 알을 낳아요. 꼭게 _끄끄_ 하고 자랑스럽게 소리를 지르면 그때 맨발로 달려가 깃털 묻은, 따끈따끈한 깃털 묻은 달걀을 가지고 와요. 외할머니는 바늘로 달걀 껍데기를 톡톡 찔러서 외손자한테 먹여줘요. 생으로 그걸 먹습니다. 미지근한 생명의 맛이 배어 있어요. 바로 기차에서 낯선 할머니가 "학생 여기 와서 이거 같이 먹어" 하고 내줬던 삶은 계란의 맛이에요. 외할머니의 따뜻한 손길, 여전히 미지근한, 생명의 열기가 채 식지도 않은 그 깃털 묻은 달걀의 정. 모든 게 다 식어서 없어지고, 모든 것이 차갑게 냉각돼서 그야말로 엔트로피가 증대돼서 이 세상의 모든 생명체가 사라지더라도 깃털 묻은 달걀의 정이 남아 있는 한 인간은 살아 있을 거예요. 인간들이 저지른 범죄가 아무리 크더라도 깃털 묻은 달걀의 그 맛을 나누고 지켜왔던 사람들은 결코 인간으로 태어난 것이 후회스럽지 않을 거예요.

### 관계
우리는 개인보다는 상대방을, 그리고 너와 나 사이의 관계를 중시해.

### 공감
서로 공감하고 느끼는, 비록 남이라 할지라도 그가 흘리는 피가 내가 흘리는 피와 같다고 느끼는, 그가 흘리는 눈물이 내가 흘리는 눈물과 같다고 느끼는, 그런 공감할 수 있는 능력이 모든 생물 가운데 딱 원숭이하고 인간에게만 있는 겁니다.

### 도덕
애덤 스미스는 『국부론』을 쓰기 전에 『도덕감정론』이라는 책을 발간했어요. 죽을 때 마지막 개정판을 본 것도

『국부론』이 아닌 『도덕감정론』이었습니다. 도덕적 감성, 도덕적 정감이란 의미이지요. (…) 애덤 스미스는 알았어요. 인간은, 아무리 나쁜 사람이라도 타고나기를 남이 아프면, 남이 찡그리고 울면 자기도 모르게 얼굴로 따라서 자기도 울고 자기도 아픔을 느낀다는 겁니다. (…) 그런 마음이 있으면 시장 원리의 보이지 않는 손에 맡겨도 이겼다고 다 먹고, 졌다고 다 지배하는 그런 가혹한 현실이 아니라 인간의 도덕을 바탕으로, 모럴 센티멘트moral sentiment를 바탕으로 무한 경쟁 무한 약탈이 아닌 하나의 질서 있는 시장을 만들어낼 수 있다고 본 것이죠. 모럴 센티멘트의 견제가 없는 보이지 않는 손, 경쟁 사회는 지옥입니다.

### 노숙자

아침에 눈을 뜨면 그 위에 천장이 있다는 것 그것이
하루의 행복이라는 것을 알기 위해서는 노숙자로 살아야 한다.
아침에 눈을 뜨면 곁에 한 사람이 있다는 것 그것이
하루의 보람이라는 것을 알기 위해서는 노숙자로 살아야 한다.
노숙자는 노숙자路宿者가 아니라 노숙자露宿者인 게다.
이슬을 맞으며 잠든 사람.

### 고동 소리

시선을 바꿔보세요. 과연 누가 강자이고 누가 약자인가를.

이겼다고 포효하지 말아요. 졌다고 눈물 흘리지 말아요.
힘을 다해 달릴 수 있는 초원이 있는 한 모두 다
행복한 거예요.
살아 있다는 것. 숨이 멈추도록 뛸 수 있는 심장의
고동 소리는 이토록 기막힌 생명, 승자의 노래인 것을.

### 그냥

우리는 아무 생각 없이 '그냥' 지내는 날이 얼마나 많은지 몰라.
그냥 먹고, 그냥 자고, 그냥 노는 날 말이야. 어떤 때에는 봄이
와서 꽃이 피어도, 아침이 되어 찬란한 태양이 떠올라도 아무
느낌 없이 그냥 흘끗 보고 지나쳐버리기도 하지.

### 갈매기

떠서는 안 됩니다. 표류할 뿐입니다. 이제 우리는 날아야
할 때입니다. 날기 위해서는 자체의 추진력과 뚜렷한 방향이
있어야 합니다. 그것이 뜨는 것과 나는 것의 차이입니다.
그냥 날아서도 안 됩니다. 높이 날아야 합니다. 그 큰 날개와
그 큰 바다, 그리고 그 넓은 하늘이 주어졌음에도 죽은 고기의
창자를 먹겠다고 선착장으로 날아드는 추악한 갈매기 떼가
될 것이냐, 아니면 조너선 리빙스턴 시절의 갈매기처럼 높이
나는, 그래서 넓은 하늘과 바다를 나는 갈매기가 될 것이냐는
여러분의 선택입니다.

### 양

늑대보다 강한 양을 만들자. 늑대한테 잡혀 먹는 양 되지
말자. 그런데 늑대하고 싸우다 우리가 호랑이가 되지 말자.
대신 이제는 절대 약한 양, 쫓기는 양, 늑대한테 목 내미는
양이 아니라 목자가 없어도 내 힘으로 강력한 늑대를 이기는
양이 되자.

### 철

모든 것은 다 철이 있는 거야. 철이 드는 때도 있고, 또 지날
때도 있지.

—

똑같은 시간이라도 모두 길이가 달라. 아니, 시간의 길이는
똑같은데 마음속에서 시간을 길게 느끼기도 하고 짧게
느끼기도 하지. 그 시간을 우리나라 사람들은 바로 '철'이라는
말로 표현했던 거야. 그러니까 '철이 든다'는 것은 바로
시간을 느끼는 마음이 생겼다는 것을 의미하기도 해.

### 시간

시간은 그냥 지나가는 것이 아니야. 사람에 따라, 경우에 따라
저마다 다른 모습으로 흔적을 남기지. 시간은 어떤 형태로든
바뀌어 쌓이는 거야.

## 비상

비상非常에는 비상飛翔을 해야 합니다.
독기 서린 정치인들에게는 비둘기의 날개를 주시고,
살기 지친 서민들에게는 독수리의 날개를 주십시오.
주눅 든 기업인들에는 갈매기의 비행을 가르쳐주시고
진흙 바닥에 처박힌 지식인들에게는 구름보다 높이
나는 종달새의 날개를 보여주소서.

### 사랑

정말 눈물 나는 얘기가 있습니다. (…)
"암을 이길 수 없다는 것을 알고 서서히 죽음을 준비했다.
그런데 어느 날 마루에 앉아 있는데 해가 떨어지더라.
빨간 노을이 그렇게 아름다웠다. (…)
그런데 옆에서 애가 귀찮게 자꾸 말을 거니까
'애야, 5분만 다오. 엄마는 지금 굉장히 중요한 일을 하고
있단다. 5분만 입 다물고 있을 수 없겠니' 하니까
애가 멋쩍게 웃으면서 '알았어. 안 할게. 그런데 아무리
안 하려고 해도 엄마 보면 자꾸 말이 나와.'"
그 말을 듣는 순간 정신 차리게 되는 겁니다.
"내가 내 생명을 포기할 순 있지만
엄마를 보면 뭔가를 말하고 싶어 하는 이 아이의 엄마로서
나는 죽을 수 없다. (…) 엄마 보면 말하고 싶어 하는
아이를 위해서 나는 못 죽는다 이거 하나다.
그날 저녁노을을 보면서 엄마 보면 말하고 싶어 하는 애를 보고
비로소 살아야 한다고 생각했다."
그게 사랑이죠? 그 사랑의 힘이 여성을 살린 겁니다.
근대 의학 지식으로써 도저히 설명할 수 없는 일들이
벌어지고 있는 것이 몇 세기 전 성경에 쓰인 얘기가 아니라
바로 우리가 살고 있는 인터넷 속에 생생히
나와 있다는 겁니다.

## 대륙

어떤 사람도 완전한 섬일 수는 없다. 나는 홀로
있는 섬이 아니다. 아무리 홀로 떨어져 있으려고
해도 인간들은 서로 연결되어 있다.
섬이 아니다. 나는 대륙의 일부다. 아무리 작은
모래나 흙덩이라고 해도 그것은 광활한 대륙과
연결되어 있다. (…)
누군가 죽는다는 것은 내 대륙 안의 모래가,
흙이 바다로 휩쓸려 떨어져간다는 의미다.
그의 고통은 나와 무관하지 않고, 그의 생명은
나와 똑같은 샘물에서 흘러온 것이다.

### 부르다

부르는 것은 다 슬픈 겁니다. 있는 것은 부르지 않아요. 이미 부른다는 것은 없는 것, 보이지 않는 것을 부르는 겁니다.

### 전화

손가락으로 구멍 난 숫자를 찾아 다이얼을 돌리던 옛날 전화.
탯줄처럼 코드 선이 감긴 검은색 전화.
먼 데서 한밤중 개 짖는 소리처럼 수화기에서 들려오던
그 목소리들은 지금 어디에 있는가?

### 기차

우리 누이들이 정신대로 떠날 때, 우리 형이 징용 갈 때,
먹을 게 없어서 북간도로 날품팔이 갈 때 어디서 떠났어요?
맨드라미가 피는 시골역에서 떠났습니다. 손을 흔들고 가요.
보슬비 안 내리겠어요? 해가 쨍쨍 내리쬐도 우리 형님,
우리 누님, 우리 아버지, 정든 땅 뒤에 두고 떠나는 임들은
다 시골의 작은 간이역, 맨드라미 피고 급행열차는 서지도 않는
그런 역에서 떠났습니다. 그게 우리 기차의 역사입니다.

### 정情

완행열차에다 야간열차에다 비 내리는 가장 열악한 기차
속에는 한국인의 정이 잔뜩 담겨 있어요. 그게 뭘까요.

삶은 계란 혼자 안 먹어요. 할머니랑 누구랑 다 나눠
먹습니다. 오징어, 나눠 먹습니다. 완행열차의 인심, 정.
그렇게 친구가 되죠. 침략자와 어려운 환경에서
우리가 버텨온 것은 한국인의 정신 덕분이었습니다.

### 마음
만지거나 볼 수는 없지만, 마음만큼 중요한 것도 드물어.

—

겉으로 보기에는 칼 가진 사람, 미사일 가진 사람이 강해
보이지만 소크라테스, 플라톤, 퇴계, 칸트, 헤겔, 이런
사람들이 인간을 인간이게끔 하고, 인간의 역사를
짐승의 역사와 다르게 했어요. 하나의 가치와 의미와 정의를
만들어내면서 인류의 역사는 발달했어요. 하나의 큰 의미에서
인류의 역사는 어제보다는 오늘 더욱더 선하고
더욱더 정의롭고 더욱더 행복한 사회로 나아갔는데, 그건 (…)
마음의 밭을 가는 사람들이 있었기 때문입니다.

### 장애
오늘날 우리 사회에는 몸은 멀쩡한데 마음이 장애인인 사람이
참 많은 것 같아. 자기 스스로 어떤 한계를 정해놓고 그 안에
갇혀 있는 사람들 말이야.

## 바람

바람 한 점 없는 날에도 깃털은 흔들린다.
날고 싶어서.
바람 한 점 없는 날에도 공깃돌은 흔들린다.
구르고 싶어서.
바람 한 점 없는 날에도 내 마음은 흔들린다.
살고 싶어서.

### 생기

여러분이 어렸을 때, 유치원에 다닐 때에는 누구나 (그런) 생기 넘치는 눈빛을 가지고 있었어요. 그런데 수능 공부다, 시험이다, 이런 것들에 시달리면서 점점 사라져버린 거예요. 그러다 가끔씩 아주 좋은 음악을 들을 때, 사랑하는 사람을 만났을 때, 좋은 강연을 들었을 때 다시 자신이 살아 있다는 걸 느낍니다. 잊어버렸던 어린 시절의 그 생기를 느끼는 거예요.

### 굶주림

젊은 세대들은 '감동했다'고 말하지 않고 '감동 먹었다'고 말합니다. 먹을거리가 없어서 배가 고팠었는데 오늘의 한국인들은 감동거리가 없어서 마음이 고픈가 봅니다. 그래서 굶주림의 보릿고개가 아니라 비정한 문명의 사막을 넘어야만 춤추고 노래하며 살 수가 있습니다.

### 실존

첫 만남, 사랑하는 사람하고 손잡고 있을 때, 영화 보면 대개 비가 조금씩 오잖아요. 그럼 우산 받쳐주고. 그런 개인의 세계는 결코 보편화할 수 없는 거예요. 살아 있는 나, 우주에 하나밖에 없는 내가 내 머리, 내 가슴으로 생각하는데, 그것이 남과 다르고 남과 합쳐지지 않았을 때, 나는 왕따가 되고 혼자가 됩니다. 공중전화 부스에서 외치는 거예요.
그게 실존이에요.

### 만지다

진짜 사랑은 만지는 것입니다. 남녀도 처음 알면 이야기하고
먹고 하지만 결정적인 단계는 손이라도 잡는 거잖아요.
손잡으면 친구도 되고 포옹도 하잖아요.
에로티시즘eroticism이 아니에요. 성적인 욕망이 아니에요.
정말 사랑하는 것은 손으로 만져봐야 해요. 눈으로 안 돼요.
그러니까 우리가 미술관에 가보면 '손대지 마시오' 되어
있잖아요. 정말 아름다운 그림이 있으면 손이 나가는 거예요.
(…) 세상을 끌어안는 촉각. 그게 커뮤니케이션입니다.

### 첫사랑

거짓된 것은 금세 잊혀지지만 진실한 것은 노력하지 않아도
오래오래 마음속에서 지워지지 않지요. 첫사랑은 누구에게나
진실하고 순수한 것이었기에 죽을 때까지도 그 사람의 이름을
기억하게 됩니다.

### 사이

어머니는 늘 사이좋게 놀라고 말씀하셨다. 아이들과 싸우지
말고 노는 것이 사이가 좋은 것이다. '사이'는 너와 나 사이의

빈칸에 있다. 내가 너에게 네가 나에게 오지 말고 이 빈칸에서 만나자.
한가운데, 그 사이에서 만나려면 힘이 든다. 나도 너도 아닌 그 사이에 네가 있고 내가 있다.

### 돈

사람들은 모른다. 돈이 천하고 더러운 것이라고 하지만
물건의 가치 척도만이 아니라 고결한 정신의 척도에서도
그렇다는 것.
그래 한 가지 일러두마. 내가 그 사람을 정말 사랑하는가?
그 사람을 위해 돈을 써보면 안다. 그 돈이 아깝지 않다는 건
그 사람을 정말 사랑하고 있다는 증거이다.
돈을 써보면 안다. 액수가 큰 만큼 사랑도 크다.
그 돈이 아깝지 않으면 '사랑한다'는 숫자인 게다.
나를 위해 쓰는 돈이 아깝지 않듯이 너를 위해서 쓰는 돈이
아깝지 않다면 나는 너를 사랑하는 것이다.

### 꿈

꿈은 미래에 대한 빚이다. 돈도 꾼다고 하기 때문이다.
꿈을 많이 꿀수록 그에 대한 부채도 늘어난다.
죽을 때까지 갚을 수 없는 빚. 꿈은 죽은 뒤에도 남는다.
유언이 그렇지 않은가?

뒤에 오는 사람들이 꿈을 상속한다.
우리는 태어나던 때부터 빚을 갚아야 하는 채무자이다.

### 거의

'거의'라는 말이 좋다.
목적지에 도달하면 기쁨도 즐거움도 느끼지 못한다.
'거의' 다 왔어. 지루한 기차(완행 같은 것) 안에서 영등포역을
지날 때가 제일 즐겁고 기대감이 컸던 기억.
완성 직전. 화룡점정의 점 하나 찍기 직전의 기쁨과 짜릿함.
그 비어 있는 마지막 공간이 있을 때, 삶은 새벽별처럼 빛난다.

### 지우개

어떤 지우개로도 지울 수 없는 한마디 말을 위하여 저에게
세상에서 가장 뭉클한 지우개를 주소서. 그리고 세상에서
가장 향기로운 연필 한 자루를 깎을 수 있는 칼 하나도
함께 주소서. 심장을 찌를 수 있는 칼 한 자루도 주소서.

### 박수

나는 박수 소리가 좋다.
내 눈을 감을 때 손뼉을 쳐다오.
눈물 대신, 만가 대신 박수를 쳐다오.

### 감각
어렸을 때부터 참새들과 함께 지냈는데 막상 그려보니 닮지도 않았다. 80년 동안 봐도 그 모습을 그리지 못하는 것은 80년 동안 참새를 보지 않았다는 얘기다.
이런 부정확한 감각을 가지고, 그것을 믿고 살아온 것이다.

### 거꾸로
나는 어렸을 때 죽음을 알았고
나는 늙었을 때 생(탄생)을 알았다.
거꾸로 산 것이다.

### 희망
자신을 위한 눈물은 무력하고 부끄러운 것이지만 나와 남을 위해 흘리는 눈물은 지상에서 가장 아름답고 힘 있는
것이라는 사실을 우리는 모두 알고 있다.
'눈물은 사랑의 씨앗'이라는 대중가요가 있지만
'눈물은 희망의 씨앗'이기도 한 것이다.

### 아기집
어머니의 품에 안기듯 방바닥에 앉아서 아랫목에 손을 녹이는 따뜻함, 그게 바로 우리의 겨울이었어. 밖에는 눈이 펑펑 쏟아지고 찬바람이 쌩쌩 지붕 위를 지나가지만, 따스한

아랫목에 있으면 어머니의 아기집 속에 들어가 있는 듯한
기분이 들었단다.

### 어머니
동서고금 할 것 없이 자식들은 어머니의 귀중한 노동을 통해
성장합니다. 가슴으로만 키울 수는 없는 노릇이죠. 어머니가
걸은 발자국이 바로 사랑의 흔적이고, 돈으로 따질 수 없는
것이죠. 자식들은 머리와 가슴으로 어머니의 사랑을 알아요.
그러나 그 실체를 정확히 알지는 못하죠. 하지만 어머니의
발을 직접 만져보면, 즉 터치하면 어머니의 노동과 사랑은
눈에 보이는, 만져지는 실체로 다가옵니다. 진짜를 만나게
되는 거예요.

### 아버지
지금 힘없이 떨리는 저 손이 바로 내가 처음 발을 딛고 일어설
때 잡아주셨던 그 손이었습니다.
땅바닥에 넘어져 무릎을 깼을 때 울던 나를 일으켜 세우시던
그 손.
코 흘릴 때 훔쳐주시고 눈물 흘릴 때 닦아주셨던 손.
이제는 매를 들어 때리셔도 아플 것 같지 않은 가랑잎처럼
야위신 손.
꼭 잡아드리세요. 언젠가 나를 잡아주셨던 아버지의 그 손을.

'아버지가 아들에게 선물을 할 때에는 부자가 함께 웃지만
아들이 아버지에게 선물을 할 때는 부자가 함께 운다'는
명언이 있습니다. 아버지가 아들에 주는 선물은
자연 현상이지만 아들이 아버지에게 드리는 선물은
문화 현상입니다. 인간만이 할 줄 아는 행동이기에 감동이
따르는 것이지요. 그러한 마음과 영성이 하늘로 향하면
하나님을 아버지라고 부르는 종교가 나타나는 것이지요.
반대로 아버지를 공경할 줄 모르는 불효는 바로
자연을 파괴하고 환경을 오염시킨 오늘날 문명의 모습으로
나타납니다.

### 이별
외갓집 갔다가 올 때 제가 나오면 처음에는 일어서시죠.
그리고 문 열고 또 따라 나오세요. 그리고 또 대문까지 쫓아
나오세요. 그리고 또 돌아보면 어느새 돌담까지 나와 계세요.
이게 이별하는 방식이죠. (…) 헤어지면서 몇 번씩 뒤돌아보고
몇 번씩 가라고 하고 이런 게 사람이 사는 거죠.

### 풍경
빨간 감 몇 개와 아련한 까치 소리, 그 광경을 나는 잊을 수가
없단다. 그것은 바로 사랑과 여유, 그리고 자연을 생각하는

한국인의 따뜻한 마음을 보여주는 풍경이었던 거야.
모든 것이 다 추워서 떨고, 나뭇가지가 북풍에 우는 겨울날,
그 몇 개의 감은 따뜻한 불씨처럼 겨울 마을을 비춰주었지.
그리고 오랜 세월이 지난 지금도 내 마음속에 아름다운
추억으로 남아, 어렵고 힘들 때마다 날 지켜주곤 한단다.

### 매미

사람이 입는 것, 먹는 것같이 생산적이고 물질적인 것만
밝히면 인간답게 살 수 없어. 매미처럼 여름날의 소나기,
맑은 햇빛, 찬란한 삶, 그리고 자신의 기쁨이나 슬픔을
노래로 만들어 다른 사람에게 들려주는 일도 아주 소중하단다.

### 무지개

카메라맨이 말했다.
사진을 찍기 전에 렌즈를 닦아라.
시인이 말했다.
글을 짓기 전에 마음을 씻어라.
하나님이 말씀하셨다.
비가 멈추어야 무지개가 뜬다.
렌즈를 닦는 일도 마음을 씻는 일도 멈춘다.
죽음은 무지개인가 보다.

## 숨

목을 더듬는다. 소리는 없어도
목청은 사라졌어도 숨은 쉴 수 있어.
목 속에 숨이 목숨으로 있을 때.
세상은 멀리 있는지 더 가까이 있을지
알 수 없다.
죽음을 알 수 없는 것과 같다.
지금까지 모든 것을 알고 있었는데
국어 시험 치듯. 다 풀 수 있었는데….

### 흉터

무릎에는 세 가지 흉터가 있다. 따로 서는 연습하다
넘어졌을 때, 세발자전거 타다 두발자전거 배우다 넘어졌을 때,
첫사랑하다 넘어졌을 때.
이 세 가지 흉터가 있어야 비로소 어른이 된다.
어른이 되고 싶지 않다면 피터팬이 되고 싶으면 무릎에
상처가 나지 않도록 해라.

### 마지막

마지막까지 사랑할 수 있는 것들을 사랑하자.
돌멩이, 참새, 구름, 흙, 어렸을 때 내가 가지고 놀던 것,
쫓아다니던 것, 물끄러미 바라다본 것.
그것들이 내가 사랑하는 것들이었음을 알 때까지 사랑하자.

### 존재

아무도 달을 쳐다보지 않으면 달은 없다.
인간이 달을 보고 달에 상륙하여 첫발을 디뎠을 때
달은 처음으로 존재했다.
아무도 나를 보아주지 않는다면 나는 투명 인간처럼 유령처럼
이 세상에 존재할 수 없다. 내 이름을 누가 불러주지 않으면
나에게는 이름이 없는 것과 같은 일이 벌어진다.

### 고독

누구나 외롭다. 혼자다. 천만 명 몇억의 사람이 모여도 고독 앞에서는 다 같이 평등하다.

### 팔씨름

한밤에 눈뜨고 죽음과 팔뚝 씨름을 한다.
근육이 풀린 야윈 팔로 어둠의 손을 쥐고 힘을 준다.
식은땀이 밤이슬처럼 온몸에서 반짝인다.
팔목을 꺾고 넘어뜨리고 그 순간 또 하나의 어둠이
팔목을 걷어 올리고 덤빈다.
그 많은 밤의 팔목을 넘어뜨려야 겨우 아침 햇살이
이마에 꽂힌다.
심호흡을 하고 야윈 팔뚝에 알통을 만들기 위해 오늘 밤도
눈을 부릅뜨고 내가 넘어뜨려야 할 어둠의 팔뚝을 지켜본다.

### 아픔

아프다는 것은 아직 내가 살아 있다는 신호다. (⋯)
아픔은 생명의 편이다. 가장 강력한 생生의 시그널.
아직 햇빛을 보고 약간의 바람을 느끼고 그게 풀이거나
나무이거나 먼 데서 풍기는 향기를 느낄 수 있는 것은 아픔을
통해서이다.

### 팽이

삭풍보다 매서운 채찍의 아픔 속에
팽이는 얼음장 위에서도 돌아간다.
아픔이 팽이를 살린다.
채찍이 멈추면 팽이는 솔방울처럼 떨어져 죽는다.
살려면 아픔이 있어야 한다고 외치면서
오늘 빙판 위에서 나는 회전한다.
무서운 속도로. 무서운 추위로. 돌아간다.

### 슬픔

내 슬픔은 나 혼자의 것이니 참을 수 있다.
하지만 누가 함께 슬퍼하면 나는 견디지 못한다.
남이 슬퍼하는, 나를 슬퍼해주는 타인의 중량이 너무 무거운 탓이다.
내 역성을 들어주는 사람 앞에서 나는 울었다.
얼마든지 용감하게 싸울 수 있는데, 죽음과 맞서 싸울 수 있는데 누가 내 손을 잡고 상처를 불어주면 나는 주저앉는다.
어렸을 때처럼 그랬다.
아무도 내 역성을 들어주는 사람이 없기에 졸도해 쓰러진 날 밤, 일어나서 보니 누구도 내 역성을 들어줄 사람이 없다는 걸 알고 안심한다.

### 면面

신문 없는 날은 좋더라.
새 소식이 없으니 새 우는 소리가 들리더라.
신문에도 얼굴이 있어서 면이라고 부르는데.
아침마다 그 얼굴을 안 보니 잃어버렸던 얼魂이 보이더라.

### 빛

하나님은 청결한 식탁에 나타나시는 게 아니라 배설하는 변소와 같은 더럽고 천한 데 임하신다. 거기에는 '성스러운 더러움'이 있다. 진짜 삶의 덩어리가 있다. 황금과 똥이 같은 빛 덩어리라는 것을 부정하지 말라.

**호흡**

나는 말을 많이 합니다. 나에게는 그게 숨 쉬는 거예요. 지식인들이 이 호흡을 안 하면 죽어요.

# 11

## 지성: 백지 앞의 지식인

### 지성

저는 아직도 (…) 지성이라고 하는 싸늘한 쇳덩어리가 있기
때문에 날아가려고 해도 잘 안 날아져요. (…) 영성은 지성이
아니에요. 오히려 지성에서 자유로울 때 영성이 생겨나요.

### 백지

흰 종이가 앞에 있을 때 지식인에게는 그것을 메워야 할
의무가 있어요.『모비딕』에서 흰고래를 쫓아가지요.
왜 죽여야 하는지도 모르고 흰고래를 쫓아가서 막 죽이잖아요.
결국 작가란, 시인이란, 지식인이란 '모비딕'과 같은 거예요.
백지를 문자로 채워야 한다는 강박관념, 이게『모비딕』의
흰고래의 공포이고 흰고래를 죽이고자 하고 대결하고자 하는
강박관념이 지식인에게는 백지라고 하는 종이,
아무것도 쓰여 있지 않은 종이를 만난 것이죠.

### 부정

우리가 이치에도 안 맞는 (이런) 어리석은 말을 남이
가르쳐주는 대로 그게 진리인 줄 알고 살아왔잖아요.
저는 이런 고정관념, 예부터 당연한 것으로 전해 내려오는
것에 대해서는 일단 '노No!'라고 말하기로 작정했어요.
이게 부정否定의 지성이거든요. 지성은 부정하는 거거든요.

**비평**

우리나라에서 비평이라는 의미는 부정적인 사고로
나쁜 것을 찾아내는 것으로 생각하죠.
원래 학문에 있어서는 찬미하다, 신선하다 이렇게
우리 지식을 칭찬하기 위해서 있었던 개념인데 이게 잘못
들어와서 비판하고 부정적인 사고를 해야 비평적이고
칼날 같다고 생각하게 된 겁니다. (…)
우리나라의 지식은 전부 부정적인 사고입니다.
대학 나온 사람들은 전부 그렇습니다.
오죽하면 고분고분한 며느리가 들어오니까
쟤는 대학 다닌 애 같지 않다고 하는 겁니다.
안 배운 애들은 고분고분하고 긍정적인데
배운 사람들은 대들고 부정적이라는 거죠.

**좌우지간**

양극 사이의 중간을 뜻하는 비트윈between과 그것을 넘어서는
비욘드beyond, 곧 비트윈 앤드 비욘드between and beyond만이
살 길이고, 이것만이 희망이라고 생각합니다.
중간 영역이란 양극단보다도 어렵습니다. 그런데 우리 민족은
양극적인 대립을 하다가도 어느 단계에 가면 '좌우지간'의
그 사이를 발견하곤 합니다.

## 보석

네 머리로 생각하라.
네 생각을 놓아두고,
왜 남의 생각을 빌리려 하는가.
이런 습관만 바꿔도 세상이 달라진다.
너희 모두 천재고, 너희 모두 가슴에 정말
귀중한 보석을 간직하고 있다.
이것을 잊지 마라.
더구나 그것 없이 어떻게
지금까지 살아왔겠는가.

### 세미오시스semiosis

'노웨어nowhere＝어디에도 없다'인데
'나우 히어now here＝지금 여기에' 이렇게 글자 하나만
고치면 바뀌는 거예요. 그렇게 언어나 문자라고 하는 것은
창조의 가장 쉬운 부분이에요. 사실 현실 속에서는
남이 님이 되려면 얼마나 힘들어요.
님이 남이 되려면 얼마나 눈물을 흘려야 해요.
그런데 글자로는 점 하나를 찍으면 남이 님이 되잖아요.
이걸 세미오시스라고 합니다.
창조 중에서 돈 안 들고 제일 쉬운 방법이 언어 조작입니다.
이걸 독재자들이 다 썼어요.
언어 조작에 의해서 이념을 조작하는 거예요.
가령 '저 사람들이 세뇌됐어' 하면 '아, 무서워' 하지만,
'쟤가 의식화 됐어' 그러면 박수 치는 거예요.
안 그래요? 한국의 젊은이들이 한참 운동할 때
의식화됐다고 했잖아요. 그걸 다른 말로 하면 세뇌시킨 거예요.
똑같은 거예요. 말 하나를 네거티브negative를 붙이느냐,
포지티브positive를 붙이느냐에 따라 (…) 바뀌는 거예요.

### 택일

서양에서는 반드시 여자와 남자는 우먼과 맨이라고 하여,
합치면 다시 맨이 됩니다. 남자가 언마크드unmarked되고

여자가 마크드marked되는 것입니다.
빗치bitch는 암캐이고 도그dog는 수캐이지만,
개 전체를 말할 때는 다시 도그dog가 되는 것입니다.
두 개가 있을 때 반드시 하나를 취하고 하나를 버리는
택일론적 사유입니다.
우리는 수캐·암캐·개의 세 단어가 있고,
여자·남자·사람의 세 단어가 있습니다.
남자 개념에 여자 개념을 끌어들이지 않는 것입니다.
소위 표지와 무표지를 구분할 때, 서양은
두 개가 있을 때 남자를 취하고 반드시 여자를 버렸지만
우리는 남자와 여자 모두를 인정했던 것입니다.
다만 제도가 잘못 정착되어 나타나기는 했지만
기본 가치 시스템에서 남자가 여자보다 우세할 이유가
없는 것입니다.

### 심사숙고

우리가 무엇을 깊이 생각한다는 것은 바로 마음 깊숙이
숨어 있는 생각을 캐낸다는 뜻이다. 깊이 생각한다는 뜻의
사자성어인 '심사숙고深思熟考'라는 말에도 '깊을 심深' 자가
들어 있다.

### 그레이 존gray zone

제 방대한 지식의 원천은 호기심입니다. 그래서 서재를 보면
생물학책, 수학책 같은 비전공 서적도 많습니다. 제가 아는
지식은 별로 귀하지 않지만 모르는 지식은 귀하기 때문입니다.
그래서 인간 영역과 자연 영역의 중간에 있는
그레이 존에 주목하는 것이 제 사고의 화두입니다.
모든 정보의 교차점이 창발성을 낳는 모태가 되기 때문입니다.

### 생활

딸기는 장미과에 속해 있다.
다이아몬드는 숯과 같은 탄소 동위체이다. (…)
과학은 늘 사람이 생각하고 느끼는 것을 배반한다.
그러나 과학이 인간의 생활과 관계를 맺는 기술이 되면
느끼고 생각하는 정신까지 바꿔놓는다.
수학이 그렇다. 수리의 세계는 인간의 경험이나 감각과는
아무런 상관이 없는 독자의 논리와 질서로 움직인다.
그런데 그것이 돈이나 계산하는 시장 속으로 생활 속으로
들어오면 엄청난 변화 영향을 준다.

### 소유

자본주의의 발생은 물건의 소유 형태로부터 시작되었다고
해도 과언이 아니다. 상자, 장롱, 창고 등은 자본주의가 낳은

알들이다. 소유할수록 그 상자는 커진다. 집도 커다란 상자가
아니고 무엇이겠는가. 자본주의의 발달은 움직이는 상자를
만들려는 꿈으로부터 시작한다. 단순한 소유의 축적이 아니라
그것을 안으로 끌어들이거나 밖으로 운반하려는 욕망에서
시장의 원리가 생겨났다. 자신이 소유하고 있는 물건을 몸에
지니고 다니는 기술이야말로 자본주의의 꿈이다. 그것을 위해
서양인들이 만들어낸 것이 가방이고 한국인들이 만들어낸
것이 보자기다.

### 공간

한국의 이불이나 요는 누울 때에는 펴고 일어나면 갠다.
밥상이나 방석 등도 마찬가지다. 그러나 서양의 경우에 식탁은
인간이 밥을 먹지 않을 때에도, 그리고 의자는 사람이 앉지
않을 때에도 일정한 공간을 점유한다. 그러므로 서양 사람들의
주거 공간은 도구에 의해 분절되어 있지만 한국인의 공간은
인간이나 그 기능에 의해 다층화되어 있다. 안방에 상을
들여오면 침실이 식당으로 바뀌지만, 서양에서는 침대가
놓여 있는 곳은 침실이요, 식탁이 놓여 있는 공간은 식당이다.

### 죽이다

한국말에는 '살殺'이라는 말이 없어요. '죽인다'는 말이 없어요.
방금 한 '죽인다'는 말은 '죽다'의 사역동사지 독립어가

아니에요. 한자어인 '사死'와 '살殺'은 글자가 완전히 달라요.
'다이die'와 '킬kill'도 전혀 다른 말이에요. 일본어 '시누死ぬ'와
'코로스殺す'도 전혀 달라요.
한국말에서만큼은 '죽다' '죽이다'가 같은 말이에요.
사역동사를 썼을 뿐. 이 세상에서 '죽인다'는 말이 없는 나라는
한국뿐입니다. 말만으로는 살인자가 한 사람도 없어요.

### 긍정어

한국인들은 기쁠 때도 슬플 때와 마찬가지로
'죽음'이라는 말을 사용합니다.
"슬퍼 죽겠다"는 말과 함께 "좋아 죽겠다"라는 말도 씁니다.
때로 죽음은 부정이 아니라 극상의 긍정어가 되기도 합니다.
아주 만족스러운 공연을 보거나 감동적인 광경을 볼 때
한국인의 감탄사는 "죽여준다"는 것입니다.
이렇게 한국말에서는 무엇을 강조하거나 최상급의 상태로
말할 때에 '죽는다'는 표현을 많이 사용합니다.

### 잘못하다

'잘하다' '못하다'는 말은 양극이에요. 그런데 우리는
'못하다'는 말은 되도록 안 써요. '잘하다' '못하다'의 중간어인
'잘못하다'가 '못하다'를 대신하는 거예요.
"제가 못했습니다"가 아니라 "제가 잘못했습니다"라고 해요.

'못하다'를 안 쓰고 '잘못하다'라는 중간어를 썼다는 것은
되도록 비하어를 안 쓰고자 했던 한국인의 심성을 보여줍니다.

### 우리

우리나라는 나, 우리, 우리들, 세 가지가 있어요. 다 다른
말이에요. 우리는 '우리말'이라고 하잖아요.
'우리들 말'이라고 하지 않아요.
"나 담배 싫어" 하지 않고, "우리 담배 싫어"라고 해요.
나와 우리들 사이에 '우리'가 있어요.
우리 학교. 내 학교이면서도 우리 학교에요.
나와 우리의 중간말이 있고, 정말 우리를 말할 때는
우리들이라고 해요.

### 하루

영어에는 낮과 밤을 하나로 표현할 수 있는 단어가 없어요.
그러니까 '데이day'를 24시간으로 하고
'나이트night'를 죽이는 거예요. 그런데 우리는
낮과 밤을 표현하는 '하루'라는 말이 있어요.
즉 모순되는 말을 우리는 하나로 써요.

### 그글피

내일이라는 말은 한자이지만 내일보다 더 먼 '모레'라는

말은 우리말입니다. '글피'도 우리말입니다. '그글피'도
우리말입니다.
이 세상에 '그글피'라는 말을 가진 민족이 어디 있습니까?
영어에도, 프랑스어에도 '그글피'라는 말은 없습니다.
우리는 '내일'을 빼앗겼지만, '모레'가 있고, '글피'가 있고,
'그글피'가 있었습니다.

### 엇비슷

'엇비슷하다'라는 말은 서양에 없습니다.
'엇'은 다르다는 뜻이고 '비슷'은 같다는 뜻입니다.
다른 것과 같은 것이 동시에 존재하는 잘 혼합된 말입니다.
옛사람들이 쓰던 지게처럼, 어느 한쪽으로 기울어지지 않고
균형 있게 가는 것이죠.

### 기러기

기러기들이 달밤에 하늘을 난다. 서양 사람들은 V자로
날아간다고 하고 한국 사람은 ㄱ자로 난다고 한다.
표현(모양)은 다르지만 문자에 비한 것은 같다. 하늘에 찍힌
글자. 기러기들의 '기럭' '기럭' 울고 가는 음성문자가
상형문자로 바뀐 것이다. V자와 달리 ㄱ자는 기러기의
울음소리를 딴 표음자로 볼 수 있으니 모양과 소리를 다 같이
표현하고 있다. 알파벳 V보다는 한 수 위다.

### 문자

한자를 처음 만들었다는 전설의 인물, 창힐蒼頡의
눈은 네 개나 되었다고 합니다. 눈은 빛입니다.
빛은 어둠을 정복합니다. 창일이 한자를 모두
완성하자, 어둠 속으로부터 귀신이 우는 소리가
들려왔다고 합니다. 문자가 만들어짐으로써
어둠을 지배하는 귀신은 설 자리를 잃고 맙니다.
(…)
어둠이란 무엇인가. 그것은 잠이고 망각이고
사라지는 모습들입니다. 문자는 보는 것이고
말은 듣는 것입니다. 말은 귀신의 우는 소리처럼
어둠의 일부이기도 합니다.
말을 문자로 옮긴다는 것은 혼돈의 어둠에서
질서의 빛 세계로 향하는 것과 같은 것입니다.
붕괴되어가는 소리의 연약함에 모양과 견고함을
주는 것, 시간에 대항하는 용기와 그 장소를
주는 것, 물건을 가리키는 손이 아니라 물건
그 자체의 흔적을 밝히는 빛, 그것이 바로
네 개의 눈에서 생겨난 아이콘 문자들입니다.

### 한글

훌륭한 사원이라 할지라도 기둥은 무너집니다. 아무리
큰 도시를 만들어도 폼페이처럼 그것은 사라질 수 있습니다.
그러나 모든 것이 사라져도 몇천 년 전의 그 한국말,
몇만 년 전의 우리 한국말, 그리고 세종대왕께서 창제해주신
그 한글로 쓰인 글들은, 결코 이 세상에서 사라지지 않습니다.

―

영어에서는 m과 w만 제외하면 문자의 방향성이 변별적
특징에 해당하지 않는데, 우리나라 모음체계에서는 문자소의
방향만 바꾸어놓아도 전혀 다른 음소가 되죠.
예를 들어 'ㅗ' 자를 오른쪽으로 돌리면 'ㅏ' 자가 되고,
또 돌리면 'ㅜ' 자가 되고, 또 'ㅓ' 자가 되잖아요. 이 음소를
어느 위치에서 바라봤느냐에 따라 ㅗ, ㅜ, ㅏ, ㅓ 어느 것이나
될 수 있죠. 그렇게 춘하추동 사계가 순환하듯이 한 바퀴 돌죠.
한글은 이처럼 나와의 관계에 따라 결정되는 생성 문자입니다.

### 번역자

우리는 "번역자는 배신자다Translators, traitors"라는 영어 속담을
알고 있습니다. 음악이나 미술 그리고 춤과 같은 예술들은
일찍부터 국경 없는 세계를 실현해왔습니다.
하지만 불행하게도 언어를 미디어로 하는 번역만은 완고하게
그 성문을 열지 않으려고 합니다.

그러나 번역자를 배신자로 보는 영어의 그 속담 자체가
실은 라틴어의 "트라두토레, 트라디토레Traduttori, traditori"를
번역한 것으로 그 뜻은 물론 음의 형식까지도 거의 완벽하게
옮겨져 있습니다. 번역문이라는 흔적을 거의 찾아보기 힘듭니다.
그리고 보면 아이러니컬하게도 그 속담은 그 진술과는 반대로
"번역자는 배신자"가 아니라는 것을 증명해보이는 것이기도
합니다.

―

트랜슬레이트translate의 어원은 무엇인가를 운반하거나
전이한다는 뜻입니다. 번역자는 배신자가 아니라 서로 다른
생활권으로 언어와 문화를 운반해주는 원초적인 보행자라고
할 수 있습니다. 통역자는 원시의 숲에서 고립된 인간의 삶을
보다 멀리 확대시키고 교환할 수 있는 최고의 보행 능력을 지닌
직립 동물의 역할을 어느 누구보다도 잘 수행해온 사람들인
것입니다.


### 흔적

'글'은 암벽 같은 딱딱한 것을 긁는 것을 어원으로 합니다.
흔적을 남기는 것이죠. 긁다, 그리움, 그림 전부 글에서 나온
겁니다. 책은 글입니다. 말과는 다릅니다. 어떤 흔적을
남기니까 시간이 공간화됩니다. 말한 것은 사라지지만
긁는 것은 흔적으로 남습니다. 그리움도 마찬가지입니다.

모든 것은 사라지지만 그리움은 마치 책에 글자처럼 여러분
가슴속에 긁혀져 있죠. 좋은 의미든 나쁜 의미든 글은
말과 달리 흔적을 남깁니다.

### 책

책이란 집단 기억입니다. 문화도 집단 기억입니다. 새로운
문화를 만들어갈 수 있는 하나의 공통된 상상력과 지식
체계를 만들어가는 것입니다. 집단 기억 없이는 아시아의
지식인도 없고, 지식 체계도 없고, 새로운 미래가 없습니다.

### 아토피

아토피atopy는 희랍어로 장소를 뜻하는 토포스topos에
부정사가 붙은 단어입니다. 일정한 장소가 없다는 뜻입니다.
다문화의 문제와 글로벌리즘에 의한 로컬 문화의 붕괴,
다양성과 혼돈을 구분할 수 없게 된 요즘, 문자 그대로
아토피가 우리를 괴롭히는 것입니다. 더구나 아토피에는
별 신통한 약이 없지요.
충고할 게 있다면 "긁지 마세요"라고 말하는 수밖에 없습니다.
아무리 가려워도 긁지 마세요. 여러분 젊은 세대가 만들어내는
희망의 언어는 손톱에 있지 않습니다. 면역 체계의 이상에서
생기는 과잉 반응, 그리고 거절 현상을 완화해 알레르기를
다스리는 근원적인 처방을 찾아내야 할 것입니다.

### 문명 충돌

여러분은 두 가지 어려움, 즉 지구화하면서 동시에
지역화하는 두 가지 모순된 상황을 헤쳐나가지 않으면
살아갈 수 없는 세대가 된 겁니다. 전쟁은 시간이 흐르면
종전이 되기 마련이지만 이 지역화와 세계화의 갈등이나
문명 충돌 같은 것은 선전포고도 종전 기념일도 없는
전쟁이라고 할 수밖에 없어요.

### 정복

한국에 자랑스러운 것이 있다면 그건 나폴레옹도 쿠빌라이도
칭기즈칸도, 하다못해 일본처럼 세계 대국을 상대해서 싸운
가미카제 특공대도 하지 못했던 일이지요. 우리가 가슴을
펴고 세계에 외칠 수 있는 것이 있다면 그것은 바로 그들처럼
남의 나라 정복하고 남의 가슴에 못질하며 남의 눈에서
피눈물 나게 해서 부자 나라, 강한 나라가 된 것이 아니라는 데
있습니다.

### 오합혜

우리 조상은 벌레가 알을 까고 나오는 5월이면
'오합혜五合鞋'라고 해서, 일부러 느슨하게 삼은 짚신을
신었습니다. 혹시 벌레를 밟아도 벌레가 죽지 않게 하기
위해서였습니다. 그런 사람들이 우리의 조상입니다.

저는 끔찍이 환경을 위한다며 '그린운동'을 하는 유럽에서
봄에 알을 까고 나오는 벌레가 죽을까 봐 구두창에 스펀지를
댄 '오합구두'를 신었다는 말을 일찍이 들어본 적이 없습니다.
음식을 먹을 때는 인간뿐만 아니라 벌레와 개미 등 모든
중생이 함께 나눠 먹어야 한다며 '고수레'를 하고, 가을이면
감을 딸 때 꼭 까치밥을 남겨두던 민족이 우리 한국인입니다.

### 방망이

인간이 만든 전쟁 무기의 원초 형태가 곤봉이라는 것은
누구나 다 아는 사실이다. 그런데 한국인은 그 곤봉을
평화적으로 사용하여 빨랫방망이, 다듬잇방망이를 만들었다.
사람이나 동물을 때려죽이는 남성들의 폭력적 무기가
우리나라에 오면 여인들의 것으로 변해 때 묻은 옷을 빨고
다듬는 재생산의 도구로 바뀌게 된다. 우리에게 방망이 소리는
싸움의 상징이 아니라 평화의 소리, 어머니의 소리로
가슴 깊이 새겨져 있다.

### 국격

국격은 인위적이지 않고 자연스럽게 몸에 배어 있는 문화이자
보이지 않는 국가의 혼이다. 있어야 할 자리에 있어야 격이
있다. 밥풀이 그릇 위에 있으면 보기 좋지만 코끝에 있다고
생각해보라.

### 모레

우리 민족은 당장 코앞에 닥친 내일에 대해서는
비관적이었지만 먼 미래에 대해서는 항상 밝고 낙천적인
마음을 품고 살아온 민족이라고 생각한다. '내일'이라는 말은
한자어인데 그보다 더 먼 '모레'라는 말은 순수한 우리 고유의
말로 되어 있다. 또 한자로는 미래를 '뒤'로 인식하는데,
우리말에 있어서는 거꾸로 '앞'이 되는 것이다. 물론 한자어의
영향을 받아 '후일' '훗날'에서 나온 '뒷날'도 있지만,
"앞날을 위해서 저축을 해두라"고 하는 말에서 보듯이
미래를 '앞'으로 인식하는 것이다.

### 반도성

해양 세력과 대륙 세력이 끝없이 몇천 년간 싸워온 인류의
모든 분규를 풀어가는 정말 놀라운 기적의 세계가 있다면
바로 반도성의 회복이에요. 역사를 보세요. 대륙과 해양이
반도를 놓고 서로 새우 등 터뜨리던 그 역사가 종식돼야
인류는 새로운 평화의 역사를 맞을 수 있어요.
지금까지의 갈등, 대립, 피와 눈물의 역사를 극복하는 데
있어서 반도성의 회복은 한국의 통일만을 의미하는 것이
아니라 아시아에, 전 세계에 마지막으로 딱 하나 남은 희망의
말이라는 것을 여러분은 잊지 말아야 합니다. 우리의 소원은
남북통일이 아니라 반도성을 회복하는 것입니다.

—

북한은 대륙에 붙어서 대륙이 돼버렸어요. 중국의 대륙이
돼버렸어요. 한국은 끊어져서 완전히 섬이 돼버렸어요.
해방되고 광복됐는데도 단순한 분단이 아니라 반도가
없어졌어요. 독일의 분단하고는 달라요. 우리는 해양과 대륙을
아우르는 반도성이 완전히 사라져서 아시아에서,
한중일에서 반도가 사라지고 대륙과 바다만 남았어요.
중국과 일본만, 대륙 세력과 해양 세력만 남았어요.
그러니 끝없이 분쟁의 대상이 될 수밖에 없어요.

—

내가 없는 세상에서 통일의 염원이라고 하는 것은 반도성의
회복을 의미하는 것이고, 반도성의 회복이 의미하는 것은
인류 역사상 끝없이 반도성을 죽여왔던 그 역사가 반도성을
살리는 역사로 급전환해서 처음으로 전쟁이 아닌 평화,
서로의 갈등이 아니라 화합과 융합, 이런 것들을
인류가 엮어나가는, 새로운 정치 경제 사회의 패러다임으로
바꾸는 것을 의미합니다.

### 길

소금 장수의 길에서 실크로드에 이르기까지 인간의 모든
길은 상인들이 개척해간 것이다. 불교와 기독교가 발생하고
그것이 널리 전파된 것도 실은 상인들이 갈고닦아 놓은

그 길을 통해서 이루어진 것이다. 그것이 바로
룸비니Lumbinī에서 갠지스Ganges 중류 지역까지 석가가 걸어간
500킬로미터의 길이요, 예수가 나사렛Nazareth에서 예루살렘까지
횡단한 150킬로미터의 길이다. 불도佛道와 기독교의 그 길은
속세의 상도商道를 타고 발생한 것이나 다름없다.

### 이노베이션
새로운 기술로 새로운 제품 만드는 것을 개발이라 생각하는데
아주 잘못 생각하는 것이다. (…) 새로운 기술로 새로운
상품을 만드는 게 아니라 새로운 기술과 새로운 시장의
결합에서 폭발적인 하나의 변화를 가져오는 것을
이노베이션innovation이라 한다.

### 유목游目
주목注目이란 말은 알아도 유목이란 말은 잘 모른다.
주목은 한곳만 주의 깊게 바라보는 것이고 유목은 일정한
초점 없이 사방을 두리번거리는 시선이다. (…)
금붕어(어항 속)를 보여주고 그것을 그림으로 재현하도록
하면 한국(아시아) 학생은 금붕어만이 아니라 어항 속에
들어 있는 수초나 돌과 같은 것도 그린다.
그러나 서양 학생들은 금붕어만을 그것도 자신이 관심을 둔
금붕어만 집중적으로 그린다고 한다.

주목과 유목. 그 두 시선의 차이에서 동서 문명이 갈라졌다고
해도 틀린 말이 아니다.

### 공부

중국에서 '공부工夫'라고 하면 '시간의 여유'와 '틈'을 뜻하는
말로 쓰인다. 그리고 또 일본에서는 무엇을
'궁리(아이디어)'하고 '생각한다'는 뜻이 된다.
스터디의 뜻으로 사용되는 우리의 공부와는 아주 다른 말이다.
하지만 세 나라가 제각각 다르게 쓰는 '공부'의 뜻을 한데
모아보면 젊은이들이 꿈꾸는 공부의 새로운 입체적 개념이
만들어진다. (…) 학생이 되었다는 것은 곧 '공부'를 할 수 있는
짬leisure을 얻었다는 뜻이다. 그 시간에 열심히
공부study를 하면 여러 가지 공부idea를 할 수 있는 능력을
얻게 되는 것이다.

### 풀다

한국은 일본과 마찬가지로 격렬한 시험 지옥입니다. 세계에서
입학시험이 사회문제가 되고 있는 것은 바로 한국과
일본뿐입니다. 상황은 똑같습니다. 학생들이 목숨을 걸고
잠도 안 자고 열심히 공부해서 대학 입시장으로 막 출발하려고
할 때, 한국의 부모들은 "마음 푹 놓고 쳐라"라고 합니다.
일본의 경우는 '간바루頑張る'입니다. 한국과 일본이

정반대입니다. 일본이 "분발해라"라고 하는 반면,
한국은 "마음 푹 놓으라"고 말합니다.
이처럼 죄는 문화와 푸는 문화를 비교해나가면 궁극적으로
여러 가지 문화의 형태를 엿볼 수 있습니다.
한국의 경우는 해원사상解怨思想, 즉 원한을 풀고 일평생의
자기 고통을 푸는 것을 가장 중요한 인생의 삶의 방식이라고
인식하고 있습니다. 그렇기 때문에 한국어에는 푸는 말이
많이 있습니다.


### 학學
학교라는 말은 선생, 학생을 다 같이 의미함에도 불구하고
막상 그 안에 들어가보면 학생들은 학실學室이 아니라
교실敎室에서, 그리고 학과서學科書가 아니라 교과서敎科書로
배우게 된다. 두말할 것 없이 교실은 가르치는 방이다.
그리고 교과서는 가르치는 책이다. 모두 선생의 입장에서
붙여진 일방적인 이름이다.

### 지식
아무리 많은 지식을 쌓았더라도 그걸 자랑하고 으스대는
순간, 그 지식은 빛을 잃어버리게 돼. 다른 사람을 껴안는
따스한 품이 아니라 다른 사람을 공격하는 차가운 무기가
되는 거지.

### 사랑

사우디아라비아에는 눈이 내리지 않는다.
그래서 눈이라는 말이 없다.
하지만 낙타란 말에는 부위에 따라 제각기
다른 말들이 많다(세분화되어 수십 가지가 있다).
에스키모(이누이트족)인들에게는 눈에 관한 단어가
수십, 수백 가지라고 한다.
하지만 낙타란 말은 없다.
남과 북. 지리적 상황에 따라서 말은
정반대의 현상을 보인다.
그러나 사랑은 남과 북이 없고
여름과 겨울이 따로 없다.
자연과 문화의 차이가 언어에 의해서
뚜렷한 경계선을 만든다.

**라이프**

우리 삶에서 먹고 자고 입는 것을 '리빙living'이라고 할 때 그것이 생명의 자연스러운 활동이 구성하는 '라이프life'를 장악해버리는 거죠. 리빙을 지배하는 것은 과학기술이나 응용기술이고, 라이프를 다루는 학문이 바로 인문학인데, 오늘날 라이프를 상실한 우리에게는 리빙만 남았다는 겁니다. 가령, 대학은 지식을 탐구하는 곳인데, 지금 대학이 어떻게 되었습니까? 졸업 후에 안전하고 보수 좋은 직장에 들어가려고 가는 곳이 대학이잖아요? 왜 취직하죠? 먹고, 자고, 입기 위한 수단을 확보해주거든요. 그러니까, 이제는 대학이 리빙을 해결하는 곳이 되어버렸어요. 학문을 익혀서 자기 존재를 확인하고, 정의를 외치고, 자신을 둘러싼 모든 것을 사랑하고, 자신이 살아 있음에 행복을 느끼는, 그런 교육과 경험의 장이 아닌 겁니다.

—

우리가 행복을 '생산했다'고 합니까? 창조하죠. 즐거움을 창조하고 만들어내는 거죠. 예술 작품도 생산이 아니라 '창작'한다고 하잖아요.
기술은 먹고 자고 입는 영역의 활동과 관련된 거예요. 과학기술, 상업기술, 경영기술… 이제 어마어마한 규모가 되어버린 금융기술을 포함해서 인류가 만들어낸 모든 기술은 사실, 짐승도 먹고 자고 입는 것을 해결하는 기술과 같은 거예요.
그러나 사랑하는 기술, 상대방을 즐겁게 하는 화법, 그리고
작품을 창작하는 작법은 달라요. 무슨 설명서나 법조문과는
달리 그 말을 듣고 글을 읽으면 가슴이 뛰고 눈물이 핑 돌면서
아, 내가 살아 있구나! 하고 느끼게 되는 시의 언어…
이런 것들이 사라진다면 이 세상은 생존 수단만 존재하고
생존 그 자체의 목표, 다시 말해 생존의 자기목적적인autotelic
라이프의 즐거움은 사라지는 거죠.
이런 점을 명확하게 알면서도 어쩔 수 없이 오늘날 산업주의,
모든 생산수단은 인간의 생명이 아니라 생존을 위한
리빙의 기술을 개발해온 거예요.

### 제어

모든 병에는 마개가 있다.
모든 냄비에는 뚜껑이 있다.
마개가 없으면 병 속의 물은 쏟아지고 뚜껑이 없으면 냄비
속의 음식은 끓지 않는다.
솥뚜껑이 없으면 밥이 되지 않는다.
마개는 금기이고 뚜껑은 통제다. (…)
제어 장치만 있는 사회, 법, 규제.
딸 수 없는 병, 열리지 않는 솥(냄비) 때문에 목이 타고 배가
고프다.

## 언어

언어의 속도에 반응해서 뒤쫓아가는 사람,
창조적 상상력으로 만들어가는 사람,
소비하는 사람, 이렇게 세 종류가 있는데
여러분은 언어를 소비하는 사람이 되지 말고,
뒤쫓아가는 사람이 되지도 말고,
만들어가는 사람이 되어야 해요.
언어를 만들어가는 사람은 자기 인생과 세계를
만들어가는 사람이에요.
그것이 바로 글쓰기이고 말하기의 핵심입니다.
뒤쫓아가지 말라는 것.

### 금속

금속이 차갑고 날카로운 성질만 가진 것은 아니야. 때로는
부드럽고 따뜻하게 감싸주고, 서로를 이어주기도 했단다.
바늘은 같은 쇠라도 나누고 쪼개고 끊고 자르는 칼과는
전혀 반대되는 역할을 맡았어. 찢어진 것을 꿰매고,
잘린 것을 이어주고, 떨어진 것을 붙여주지.

### 헴록 hemlock

헴록은 (…) 소크라테스가 처형될 때 마신 독약 이름입니다.
한국말로는 '독미나리'라고 부르지만 유럽이 원산지인
이 헴록은 진통제로 쓰이기도 하는 약초입니다.
'죽음'이라는 추상적인 언어를 구체적인 사물로 바꿔놓으면
독약이 될 것입니다. 독극물이 들어 있는 약병에 해골 그림을
그려놓은 것을 보아도 알 수 있습니다. 그런데 '죽다'의
반대말은 '살다'이고 '살다'의 구체적인 행위는 먹는 것으로
나타납니다. 그렇다면 헴록은 죽음을 나타내는 것이면서도
그 정반대의 삶의 동사인 '먹다'와 관련됩니다.
헴록은 죽는 것이며 동시에 먹는 것(마시는 것)입니다.

### 미각

시각, 청각, 후각, 촉각, 미각. 이 모든 감각 중에서 유일하게
디지털화하지 못하는 게 미각입니다. 어금니로 씹어 먹는

육체성만큼은 디지털화하지 못합니다. 그런데 한국인은
못 먹는 것도 먹는 걸로 생각하는 능력을 지녔습니다.
축구를 볼 때 전 세계에서 '한 점 잃었다'고 표현하지만
한국 사람은 '한 골 먹었다'고 합니다.
말도 먹고, 나이도 먹고, 추상적인 것도 모두 먹는다고 합니다.
보고, 만지고, 냄새 맡는 것 모두 바깥에서 이뤄지지만
씹는 과정은 너와 내가 하나가 되어야 하는 일입니다.

### 달

달에 대해서 전 세계의 많은 사람들이 시를 썼지만
한국 사람이 쓴 달에 관한 시에는 못 당하죠.
다른 나라 사람들은 달을 눈으로 보고 아름답다고 해요.
또 달빛에 목욕을 한다는 식의 신체성을 가져요.
그런데 한국의 달은 먹는 달이에요. 술잔에 뜬 달을 마시는
것이고, 내 뱃속에 달이 들어가서 훤하게 비춘다 이거예요.
외국의 시 중에서 이런 시를 아직 내가 못 봤어요.
달을 먹어버린다.

### 융합

우리는 두 개를 융합해서 먹는 민족이기 때문에 밥이
싱거우니까 김치는 맵고 짠 거예요. 그러니까 싱거운 밥과
짠 반찬이 입에 들어가서 쿠킹cooking이 되는 거예요. (…)

우리 음식은 입안에서 씹을 때 최후의 요리가 되는 겁니다.
간도 맞춰지는 거예요. (…)
외국 사람들의 음식은 대게 솔로입니다.
샐러드는 샐러드만 먹고, 비프스테이크 먹고,
마지막에 후식 먹고 이렇게 하나하나만 먹고
음식과 음식 사이에 칸막이가 있어서 앞에 먹은 음식 맛이
뒤의 음식 맛하고 섞이지 말라고 포크 나이프 접시도
다 치워가는 거예요.

### 식문화

오행설을 일상적인 음식문화에 이용해 요리의
시각기호視覺記號와 미각기호味覺記號의 코드를 창출해낸 것은
한국만의 독창적인 식문화라 할 수 있다.
'고명'과 '양념'이 바로 그것이다.
달걀 요리 등을 오방색으로 꾸며놓는 고명을
음식에 갖가지 색채를 부여하는 '시각기호'라고 한다면,
양념은 짜고 맵고 신맛, 심지어는 쑥처럼 쓴맛을 주어
음식 전체 맛을 조율하는 '미각기호'라 할 수 있다.
고명과 양념을 없애면 한국 음식은 침묵한다.

### 발효식

날것 익힌 것의 요리 코드는 서양 음식에서 더 극명하게

드러난다. 바비큐처럼 서양의 육식 요리는 불로 구운 정도로
맛을 차별화한다. 레스토랑에 가서 요리를 시킬 때
가장 중요한 의식의 하나가 어떻게 굽느냐,
즉 '레어rare'와 '웰던well-done' '미디움medium'의 방법 중에서
선택하는 것이다. 이와는 반대로, 야채의 경우에는
수프를 제외하면 대부분이 날것 형태로 요리된다.
문명과 자연의 이항 대립이 육식과 채식의 대립으로 나타나,
서양의 요리 체계는 이렇게 익힌 것과 날것의 대립항을
강화하고 더욱 심화해가는 데 있다.
그러나 한국의 요리 코드는 화식 생식의
대립항에 의존하지 않는다. 오히려 대립 코드에서 일탈해,
그것을 융합하거나 매개하는 제3항 체계를 만들어낸다.
날것도 익힌 것도 아닌 삭힌 것의 맛, 바로 발효식이다.
생식과 화식 사이에 발효식이 개재됨으로써 요리는 새로운
삼각 구도를 지니게 된다.


### 장독대
한국의 주택에는 앞마당과 그와 대립하는 공간인 뒷마당이
있다. 그리고 뒷마당을 상징하는 것이 장독대다. 장독대를
중심으로 한 이러한 주거 배치는 세계 어디에서도 찾아보기
힘들다. 장독대란 간장 된장 고추장과 같은 발효식품을 발효
저장하는 기물(독)을 놔두는 곳이다. 발효 문화를 대표하는

것이 김치라고 한다면, 그것이 주거 형태로 나타난 것이
장독대다. 화식 위주의 서양 문화 코드가 주거 코드로 바뀌면
파이어 플레이스fireplace(벽난로)나 바비큐 세트를 장치한
정원이 되는 것과 같다.

### 통합

배추를 날것으로 요리하면 샐러드가 되고 불에 익히면
수프가 된다. 그러나 그것을 삭혀 먹으면 김치가 되는 것이다.
그 맛은 샐러드와 같은 자연의 맛이나 야채 수프와 같은
문명의 맛에서는 찾아볼 수 없는 제3의 새로운 미각이다.
자연과 문명이 조화를 이루고 융합했을 때 비로소 생성되는
'통합integral의 맛'이라 할 수 있다. 한국의 요리 코드는
생식/화식, 자연/문명의 대립항을 넘어서 삭혀 먹는
제3의 가능성, 즉 자연과 문명의 대립을 매개하거나 뛰어넘는
문화적 탈코드의 산물인 것이다.

### 국물

한국의 김치는 발효 과정에서 절로 우러나는 국물을 버리지
않고 이용해 오히려 맛을 잘 살린다. 불필요한 것,
부수적인 것, 잉여적인 것이라 생각되는 것을 없애지 않고
적극적으로 수용한다. (…)
한국인들은 음식 맛이 아니라 사람의 성격을 평가할 때도

'국물도 없다'라는 표현을 쓴다. 융통성이나 여유가 없는 사람, 지나치게 계산적인 사람을 일컫는 욕이다.

### 거시기 머시기

아무리 애매하고 복잡한 것이라고 해도, 오래된 과거나 먼 미래의 낯선 풍경이라 해도 '거시기'라고 하면 그들은 미리 알고 머리를 끄덕일 것이다. '머시기'라고 하면 말을 듣기도 전에 미소를 지을 것이다. 한쪽은 암시하고 다른 쪽은 짐작한다. 그래서 '거시기와 머시기'는 서로 공유하고 있는 집단 기억에 접속하는 ID이고 비밀번호다.

### 그냥

우리는 "그냥"이라는 말을 참 잘 씁니다. "너 왜 왔니?" 물어도 "그냥", "너 왜 가니?" 해도 "그냥"이라고 대답합니다. (…) 얼마 전 외국인들을 모아놓고 한국 문화의 특징을 말해보라니까, '적당히' '어바웃about' '대략'을 좋아한다고 하는 것을 보았는데, 바로 그것이 '그냥'의 논리입니다. 우연성이나 노이즈noise야말로 우리 문화에서 가장 중요한 역할을 하는 것입니다. 서양은 기승결로 원인이 반드시 결과를 낳지만, 동양은 기승전결로 한 번의 터닝이 있은 다음 결과가 나타나기 때문에 엉뚱한 방향으로 결론이 나올 수 있는 것입니다.

### 신

이 세상에 절대(絶對)란 말은 없다.
단 한 번 이 절대란 말을 쓸 수 있는 경우가 있다.
"절대란 말은 절대로 없다"고.
신이 존재한다면 그 존재가 바로 '절대'다. (…)
신은 유일한 존재이기에 모든 신은 유일신이 되는 것이다.
잡신, 범신은 논리적으로 존재할 수 없는 것이다.

### 정보

중앙정보부에서 정보라는 것은 1급 비밀, 2급 비밀의
대상이며, '킵keep'하는 것입니다. 반면에 지금의
정보통신부는 전화·핸드폰을 보급해서 메시지를 나눠주고
있습니다. 같은 정보라는 말로 한쪽은 공유하는 데에,
다른 한쪽은 '킵'하는 데에 쓰고 있는 것입니다.
또, 한국 사람들의 정보는 "정보가 샜다" 등으로 표현되면서
액체처럼 쓰이거나, "정보 좀 캐 와라"에서처럼 고체를
말하듯이 쓰이기도 합니다. 그러나 정보는 공기 같은 것으로
독점할 수 없고 공유되어야 하는 것으로 보입니다.
세계를 이루는 하나의 생명권처럼 우리 주변에 있는 것입니다.

### 역(逆)박쥐

아무리 정의로운 싸움이라고 해도 동물과 새가 패를 갈라

싸우는 것 같은 양극의 갈등 구조 속에서는 진리의 진리를
얻을 수가 없습니다. 거기에 평화의 길을 놓는 것은
'역박쥐'의 역할입니다.
새들에게는 쥐처럼 생겼지만 그들과 같은 날개를 지니고
있다는 것을 보여주고, 동물들에게는 새처럼 생겼지만
그들과 같은 짐승의 몸을 하고 있다는 것을
보여주고 알려주는 것입니다. 새와 동물 속에 있는
그레이 존으로 그들을 융합하고 화합하여 좀 더 넓은 생명의
계보에 이르게 하는 것입니다.
이 역박쥐의 역할을 하는 것이 바로 정보입니다. (…) 참된
박쥐는 짐승이나 새의 한 영역 '속'에서 살아가는 것이 아니라
그 영역과 '더불어' 살아가는 존재라고 말할 수 있습니다.
즉 에드워드 사이드가 지식인을 정의한 대로 '리브 인live in'이
아니라 '리브 위드live with'라고 할 수 있습니다.


### 목적

보행의 목적은 보행 자체에 있는 것이 아니라 일정한
목적지에 가려는 행위이다. 그러나 춤은 어디로 가기 위한
것이 아니라 춤을 추는 그 자체에 목적이 있다.
그래서 목적지에 이르면 보행은 멈추지만 춤은 음악이
끝날 때까지 혹은 지쳐서야 비로소 끝난다. 때문에 걷는 것은
유용하지만 지루하고, 춤은 유용하지는 않으나 즐겁다.

**질문**

내가 지금 긍지를 갖는 건 절대 내 머리가
좋았다거나 하는 게 아니에요. 내가 머릿속에서
생각한 걸 정직하게 질문했다는 거예요.
그게 오늘의 나를 있게 한 겁니다.

### 인仁

뇌에 이상이 오면 전신이 마비됩니다. 그걸 불인不仁,
아니 불 자에 어질 인, 인하지 않다, 라고 해요. (…)
도덕적으로 잘못됐다는 얘기가 아니에요. 육체가 다른
육체를 느낄 수 있는 교감신경이 없다는 걸 의미하지요. (…)
헤어지는 인사말 '잘 있어'라는 말, '잘 가'라고 하는 그
'잘'이라는 말. 영어로 웰 다잉well-dying, 웰 에이징well-aging 등
우리가 흔히 잘 쓰는 '웰'이라는 말, 그게 바로 잘 있어,
잘 가 할 때의 '잘'입니다. 그게 바로 어질 인이죠.
이게 있으면 잘 있고 잘 가게 되는 겁니다.
떠나도 그와 있었던 사람들을 생각할 것이고, 잘 있으면
떠나간 사람을 마치 곁에 있는 사람처럼 느낄 수 있을 겁니다.
그게 잘 있어, 잘 가입니다.

### 정情

인터넷을 할 때 지知적이냐 정情적이냐를 생각해보면,
화상 전화 기술에 대한 연구가 많이 이루어지고 있는 것은
정적인 것이 됩니다. 말소리만 들으면 정이 안 붙고, 얼굴을
봐야지만 정답기 때문에 화상 전화를 놓으려고 하는 것입니다.
다시 말해 메시지 중심, 로고스 중심이라면 화상 전화를
놓을 이유가 없지만, 우리는 서로 얼굴을 보고 표정을 봐야
마음이 통하게 되는 것입니다. 그래서 정보 시대에

커뮤니케이티브communicative하다는 것은 정의 문화의
방식이 됩니다.

### 정보통신

우리는 한 지붕 밑에 살면서도, 가족끼리 말하는 시간은
분 단위로 줄어들고 있어요. 제각기 자기 방 안에서
메일을 보내고 휴대전화를 걸지요.
통신 위성이 지구 구석구석을 이어주는데 바로 옆 아파트의
독거노인의 죽음은 우편물이 문 앞에 쌓여야만 비로소 아는
세상입니다.
정보통신情報通信을 한자로 써보세요. 영어에는 없던
정情과 믿음信이라는 두 글자가 나타날 겁니다.

### 모순어

한자의 '집集' 자는 새隹가 나무木 위에 모여 있는 모양을 딴
것이라고 합니다. 나무 위에, 전신줄 위에 모여 앉아 있는
새들의 모습을 보세요. 오선지 위의 음표처럼 일정한 사이를
두고 떨어져 있지요.
새들은 혼자 날아갈 때를 위하여 함께 모일 때에도 날개를
펼 만큼의 거리를 둡니다.
'함께 그러나 따로' 이 모순어 속에 추운 문명의 겨울 속에서도
사이좋게 살아갈 여러분들의 지혜가 담겨져 있습니다.

### 학문

학문이라는 게 배울 학學에 물을 문文 자. 배운 것을 묻는 게 학문. (…) 묻지 않는 학문은 학문이 아니라는 거죠.

### 삼여

한옥에는 흔히 물고기 세 마리가 그려져 있었습니다. '어漁'와 '여餘'는 통하는 글자입니다. 삼어三漁는 삼여三餘와 통하고 삼여는 비 오는 날, 겨울, 밤을 뜻합니다. 아무리 바빠도 세 가지 여유는 있다는 뜻입니다. 어렸을 땐 그냥 물고기 세 마리인 줄 알았는데, 사실은 비 오는 날, 밤, 겨울이 되면 반드시 여가가 있으니 책을 읽으라는 가르침이었던 것입니다.

### 병풍

우리 선조들은 모두 병풍으로 둘러쳐진 산실에서 태어났다.
그러다 돌이 되면 또 병풍을 둘러치고 돌상을 받는다.
그러다 어른이 되어 결혼하게 되면 또 병풍을 둘러치고 의식을 올리고, 첫날밤도 병풍 안에서 치른다.
다 늙어 환갑이 되면 병풍을 둘러치고 잔칫상을 받는다.
그러다 눈을 감고 세상을 떠날 때도 병풍으로 가려진다.
아니다. 죽고 난 뒤에도 병풍과의 인연을 끊지 못한다.
제삿날이 돌아오면 병풍 사이로 이승과 저승이 만난다. (…)
병풍이 너와 나를 가르고 인간과 자연을 분할하는

서구의 그 두꺼운 벽 문화를 탈脫구축한다.

## 벽

허공은 그림을 원하지 않는다. 그것 자체가 이미 회화요,
빛이요, 구도이기 때문이다. 벽이 있기에, 시야를 가리는
밋밋한 차폐막이 있기에 그림을 붙인다. 붙인다기보다
뚫는다. 원시인의 동굴에서 알타미라 같은 벽화가 발견되는
것은 바로 그 동굴을 뚫어 들판의 짐승, 숲속의 사슴들에게
나아가려고 한 것이다. 그림을 붙이는 순간, 그만큼의 벽은
사라진다.

## 정자

정자라고 불리는 것은 이중 시점으로 되어 있습니다.
산수화에서 볼 수 있듯이 산에다가 가장 아름답고 전망
좋은 곳에 이 정자를 짓습니다. 그러나 정자에 앉은 사람이
아래 풍경을 바라보는 것만이 아니라 아래에서 위를
쳐다보는, 바로 관찰자를 다른 관찰자가 아래에서
올려다보는 (…) 이중 시선으로 되어 있어요. 나는 보고 또한
보임을 당하는 것. 최상의 아름다운 자연 경치 속에 정자를
지었던 것입니다. 그리고 정자에는 벽이 없기 때문에
네 개의 프레임, 또는 여덟 개의 프레임 속에 자연을 산수화처럼
가둬둘 수 있었던 것입니다.

### 점

경험은 점點이다. 점과 점을 이어야 비로소 지식은
창조로 변한다.
점을 연결하라. 선이 될 것이다. 멈추면 선분이 된다.
끝없이 선을 움직여 원방각圓方角(○□△)을 만들어라.
선의 질주가 끝나면 모든 것이 원점으로 돌아간다.

### 신발

대지와 인간, 흙과 육신 사이에 가로놓여 있는 한 꺼풀의 엷은
차단막, 그것이 신이고 신발이다. 그것 때문에 어머니인
대지를 직접 맨발로 느끼지 못한다. 맨발에서 신발로 변화한
것이 바로 자연에서 문명으로 옮긴 인간의 운명이다.

### 천지인

농업은 그냥 풀이 아닙니다. 하늘에서 비가 내려와야 곡식이
됩니다. 아무 땅에나 곡식 못 심습니다. 땅에서 인간이 갈아야
곡식이 됩니다. 왜 농업이 철학이냐고 하면 하늘에서 비가
내려와야 되고 땅이 있어야 하고 인간이 개간해야 하기
때문입니다. 천지인이 합해지지 않으면 한 톨의 곡식도
못 얻습니다. (…) 하늘의 기운, 인간의 기운, 땅의 기운이
화합해서 비로소 이뤄지기 때문입니다.

### 모래

"뜰에는 반짝이는 금金 모래 빛." 김소월의 강변. 그 모래들은
도시로 가서 저 높은 건축물이 된다. (…)
도시는 무수한 모래알들을 그 내장 속에 숨기고 있다.
빛을 잃은 모래알들은 시멘트 가루와 철근과 그리고
숲에서 도벌한 나무들과 섞여 도시의 어두운 세포들이 된다.

### 터

우리는 터 보고 다녀요. 엄마야 누나야 강변 살자고 했지 기와집
살자고 했습니까? 터가 제일 중요한 겁니다. 지금도 도시
공간에서 남향 공간 찾아다니는 건 한국 사람밖에 없어요.

### 속도

자동차가 생겨나도 그 힘을 재는 것은 말이다.
십 마력 엔진은 열 마리의 말이 끄는 힘이고, 백 마력은
백 마리의 말이 끄는 힘이고, 천 마력은 천 마리의 말이
끄는 힘이다.
전등이 생겨나도 그 밝기를 나타내는 단위는 촛불이다.
십 촉짜리 전구는 열 개의 촛불이고, 백 촉짜리 전구는
백 개의 촛불이다.
천 촉의 전구는(그런 전구가 있나) 천 개의 촛불로 밝히는
빛이다.

생각은 언제나 문명의 속도보다 늦다.

### 청춘
옛날 읽던 책이 생각나 다시 읽으면, 그 뜻이나 이야기들이 많이 변해 있다. 책도 청춘이 있었구나. 같은 글인데도 시간이 흐르면 주름과 저승꽃 같은 반점이 생긴다.

# 12

## 자연: 계절이 부르는 노래

**자연**
자연이란 언제나 뜻이 없는 것, 아름답지도 않고 추악하지도 않고 그저 그대로 있는 것이다. 다만 그것을 아름답다거나 추악하다고 느끼는 사람의 마음이 있을 따름이다.

**뿌리**
뿌리의 어둠과 고통이 있기에 흙 위에서는 꽃이 광명과 평화를 노래한다.

**무한**
수가 있는 이상 모든 것은 유한하다. 무한 그리고 영원, 그것은 숫자에서 탈출했을 때에만 이를 수 있는 초월이다.

—

무지개의 색을 일곱 가지 색이라고 생각하고 있는 것은 어디까지나 우리의 의식의 눈 속에서 일어나는 현상이지, 프리즘의 자연 색채 자체가 그렇게 분절되어 있는 것은 아니다. 마치 시간은 계속해서 흘러가는 것인데 그것을 24시간으로 나누고 주일을 일곱 토막 내어 월, 화, 수, 목, 금, 토, 일로 이름 지은 것이나 다름없다. 빛은 파장에서 생기는 것이므로 무지개 빛깔 수의 정답은 무한이라고 해야 옳을지 모른다. 시간이 무한인 것처럼 말이다.

### 지구

우리들은 엄마의 뱃속에서 태어날 때 손을 꽉 쥐고 나왔다. 어머니의 아기집을 찢지 않으려고, 동생들을 위해서, 주먹을 꽉 쥐고 나온 것이다. 만세를 하고 나왔다면 어머니의 아기집이 다 찢어졌을 것이다. 그런데 지금 우리는 우리가 가진 강철의 손으로 다음에 올 우리의 자식들이 살아갈 지구를 갈기갈기 찢어놨다. 지구는 사막화가 되고 북극, 남극의 빙산들이 전부 녹기 시작했으며 공기청정기 없이는 살 수가 없어졌다. 당연시되던 공짜 경제가 돈을 지불해야 누릴 수 있는 것이 되었다.

### 곡선

흐르는 구름, 굽이치는 강하, 수목의 가지와 나뭇잎들, 생명 있는 모든 자연 치고 곡선 아닌 게 없다.

—

직선이 비약과 의지와 도전과 공리성과 물질주의의 미를 상징하는 것이라면 곡선은 정체와 정감과 순응과 여유와 그리고 정신주의의 미를 대표하는 것이라고 할 수 있다.

### 땅

옛날 사람들이 땅을 어머니라고 부른 것처럼 토양은 곡식을 태어나게 하는 거대한 자궁인 것이다.

## 독자성

하늘이 만든 것에는 똑같은 것이 하나도 없다.
굽이쳐 흐르는 강의 곡선이 그렇고 솟구쳐 오른
산봉우리의 능선이 그렇다. 수천 번 수만 번
쳐다봐도 하늘의 구름 모양은 제각기 다르다.
길가에 굴러다니는 돌 하나를 놓고 보더라도
알 수 있다. 이 세상에는 많은 돌이 있지만
하나같이 그 형태와 빛깔은 다르다.
똑같은 돌이란 존재하지 않는 법이다.
그래서 헤르만 헤세는 돌 하나하나는 모두가
완성되어 있는 것이라고 말한 적이 있다.
자연은 큰 돌이든 작은 돌이든, 돌 하나하나에
독자성을 부여하고 있기 때문이다.

### 우연

우주의 근원에 있는 것은 우연이다. (…) 우연이 불가결의
역할을 연출한다. (…) 고정된, 기계적인 법칙에 의하여
모든 것이 보편적인 필연성을 지니고 있다는 것은 거짓이다.

### 정점

돌고 도는 순환으로 인간 세상을 바라볼 때 거기에는
절대적인 지배자가 존재하지 않는다는 것을 알게 됩니다.
피라미드형에는 최정상이라는 꼭짓점이 있지만
둥근 원형에서는 어느 것도 정점이라고 말할 수 없습니다.

### 여름

여름의 햇빛 속에는 인간의 권태가, 그러면서도 크나큰
동요가 있다. 누구든 여름의 그런 날, 그런 햇볕, 그런 흔들림
속에서는 무슨 일을 저지르고 싶어 한다.

—

여름은 개방적이다. 닫힌 창이란 없다. 모든 것이 밖으로
열려 있는 여름 풍경은 그만큼 외향적이고 양성적이다.
북방 문화가 폐쇄적인 데에 비해서 남방 문화가 개방적인
이유도 거기에 있다. 여름의 숲은 푸른 생명의 색조를
드러낸다. 그리고 그 숲속은 벌레들의 음향으로 가득 차 있다.
은폐가 없고 침묵이 없는 여름의 자연은 나체처럼 싱싱하다.

### 소리

겨울의 추위는 모든 생물로부터 핏기를 빼앗아가고 생물의
물기가 있는 것이면 무엇이든 얼어붙게 하지만, 소리만은
정복할 수 없다. 소리의 세계에는 추위가 존재하지 않는다.
새소리가 얼어붙는 것을 보았는가? 나목일망정 그 가지가
흔들리는 소리가 얼음처럼 굳어버리는 것을 보았는가?
소리는 어디에서든지 들려온다. 지붕 위에서도,
마루 밑에서도, 아궁이나 굴뚝에서도, 소리는 추위와
관계없이 사방에서 들려온다.

### 구름

구름은 고정되어 있는 일체의 형식을 거부한다. 그러면서도
일정한 기류와 계절을 표현한다. 여름의 뭉게구름과 가을의
깃털구름은 여름의 장미와 가을의 국화 이상으로 계절의
의미와 그 성격을 더 정확하게 반영하지 않던가.
구름은 소멸할지언정 죽지 않는다. 우리는 여태껏 구름의
시체를 본 적이 없다. 단지 그것은 비나 눈으로 혹은 한 줄기
섬광이나 천둥소리로 바뀌어갈 뿐이다.

―

북구北歐의 신화에 의하면 구름은 거인의 뇌로 만든
것이라고 한다. 거짓말이 아닌 것 같다. 그것은 수증기가
응축한 것이 아니라, 하나의 상상력 그리고 하나의 사고가

머물고 있는 집이다. 그러기에 그것은 잠시도 정지하지 않고 항상 움직이며 또 변모한다.

### 비

비가 오는 날엔 누구나 조금씩 우수에 젖는다. 우산만 한 공백이 가슴속에서 펼쳐진다. 우리는 그 시름이 무엇인가를 굳이 물을 필요가 없다. 사랑의 시름일 수도 있고, 망향의 시름일 수도 있고, 이미 고인이 되어버린 그리운 사람들의 기억일 수도 있다. 비는 헤어진 것을, 그리고 잊었던 것을 다시 부른다. 회색의 우경雨景은 시간과 공간의 한계마저 흐리게 하는가 보다.

### 바다

바다를 수부들의 묘지라 부르기도 하고 흰 구름과 갈매기 떼를 '문자 없는 묘비명'이라 부르기도 한다. 바다야말로 비참하고 엄숙한 인간 생활의 한 단면이다. 투우사가 스스로 홍포紅布를 들고 죽음의 황소 앞에 뛰어드는 것처럼 어부들은 하루의 삶을 위해서 흰 돛을 날리며 죽음의 해조海潮를 탄다.

### 눈

눈이 내리면 누구나 조금씩은 시인이 된다.
겨울마다 흰 눈이 내리지 않는다면 이 세상은 훨씬 더 거칠고

속악해졌을는지 모른다. 백색의 그 설편은 눈으로 보는
음악이다. 그리고 무언의 동화이다. 모든 것이 변했지만 털깃
같은 백설의 순수성만은 예와 다름없다. 현대에 남아 있는
순수성이 있다면 그것은 아마 저 백설의 언어뿐인가 싶다.

―

눈은 일상의 조그만 기적이다. 내리는 눈송이를 보며
세상 일을 생각해본다. 순수한 백설, 때 묻지 않은 눈송이가
날리는 것을 볼 때, 문득 우리는 착한 이웃들과 아이들의
운명을 느끼게 된다.

―

침묵 속에 내리는 눈발은 우리에게 탄생 이전과 죽음 이후의
그 무無의 세계, 비존재의 세계를 눈짓합니다.

### 개나리

개나리는 어느 꽃보다도 먼저 봄기운을 알려주는 꽃이다.
늘어진 줄기마다 노란 꽃으로 일제히 물들이는 그 개나리꽃은
황금의 폭포수요 빛의 함성이다. 워낙 야생의 꽃이라 그런지
공해가 심한 도시에서도 공사장 같은 조그만 공터라도 있으면
봄의 공간을 눈부시게 치장해준다. 사실 가지 하나를 꺾어
병에라도 꽂아놓고 한 송이 한 송이 뜯어보면 정말 볼품없는
꽃이지만 이것이 일단 무리를 지어 한데 어울려 피면
목련이나 백합보다도 아름답다.

춤으로 치면 독무獨舞가 아니라 군무群舞이며, 운동으로 치면 화려한 개인기가 아니라 일사불란한 팀워크로 이루어진 단체 게임이라고 할 수 있다.

### 국화

왜 하고많은 철을 두고 모든 잎이 지며 꽃이 이우는 늦가을에 국화는 피는 것일까? 생각할수록 신비하고 갸륵하기만 하다. 서릿발이 차고 햇볕은 무디다. 나비도 벌도 축복의 날개를 접고 자취가 없다. 나뭇잎은 섧게 지며 마지막 계절을 울던 벌레도 그 소리를 거두어 잠잠하다. 조락凋落, 침묵, 황량… 그러한 죽음의 상황 속에서 홀로 외롭게 피어나는 국화를 보면 눈시울이 뜨거워지는 정을 느낀다.

### 약육강식

물고기는 플랑크톤의 적으로 보이기 쉽다. 그러나 실상은 그렇지가 않다. 물고기는 플랑크톤을 잡아먹고 살아가지만 플랑크톤 역시 물고기의 새끼들을 먹고 산다. 물고기는 무수한 알을 낳지만 거기에서 깬 새끼의 99퍼센트는 죽는다. 이렇게 서로 먹고 먹히는 순환 관계로 생명의 균형을 유지해가는 것이 생태계의 오묘한 현실이다. (…) 이런 시점에서 보면 약육강식의 다이너미즘dynamism은 생태계의 한 면만을 보았던 구식 이론이라는 것을 알 수가 있다.

**파멸**

인간은 생물 가운데 생물권을 파괴하고,
그리고 그렇게 하는 것에 의해서 스스로를
파멸시키는 힘을 획득한 최초의 종<sub>種</sub>이다.

### 춘설

춘설은 꽃보다 오히려 다감하다. 부드러운 깃털처럼 따스한 눈발, 흰 설경 속에서도 우리는 봄을 본다. 그것은 겨울의 마지막 잔치, 그것은 겨울의 마지막 추억!

### 봄

봄! 봄이 온다는 것이다. 입춘 날 아침에는 어른이고 아이들이고 그렇게 마음이 설레곤 했다. 참으로 아름다운 풍속이다. 고난의 겨울 속에서 살아온 이 민족이었기에 봄을 기다리고 아쉬워하는 마음에도 색다른 데가 있다. 죽었던 나뭇가지에 파란 잎들이 돋아나듯이, 얼어붙은 강물이 다시 소리를 내고 흘러가듯이, 검은 속에 갇혀 있던 벌레들이 기지개를 켜며 일어나듯이 우리도 저 가난과 불행의 잠자리에서 일어나 행복의 햇빛을 마시고자 한다. 그런 환상 속에서 살고 싶었던 것이다.

—

연을 쫓아가다가, 소름이 돋듯 까칠한 그 겨울 하늘로 날아가버린 연을 쫓아가다가 차가운 눈물을 흘리는 소년을 우리는 본다. 우리는 겨울을 보고 있는 것이다. 이 삶에 있어서 최초로 겨울의 의미를 깨닫게 된 그러한 날 우리는 어느 검은 나뭇가지엔가, 바람 소리를 내고 있는 어느 전주엔가 한 조각의 지연이 얽혀 있는 모습을 본다.

그 연들이 눈보라 속에서 찢기어가고 자꾸 퇴색해가고 앙상한 뼈만 남긴 채로 사그라져갈수록 봄은 한 발자국씩 그 바람 부는 언덕을 향해서 온다.

### 3월

3월에는 '분노'가 있다. 겨우내 참고 견딘 굴종과 인내의 끈을 풀고 생을 절규하는 분노가 있다. 모욕당한 사랑과 짓밟힌 평화와 구속된 자유와…. 겨울의 그 폭군을 향해 도전하는 분노가 있다. 어디를 보나 생명을 가진 것이면 노여운 얼굴을 하고 일어서고 있다.

―

3월에는 '소리'가 있다. 침묵 속에서 움트는 소리가 있다. 얼음이 풀리는 강의 소리와 겨울잠에서 깨어난 짐승들의 포효, 햇살처럼 번져가는 생명의 소리가 있다. 지층을 뚫고 분출하는 3월의 소리는 죽은 나뭇가지에 꽃잎을 피우고 망각의 대지에 기억을 소생케 한다.

### 5월

5월은 잎의 달이다. 따라서 태양의 달이다. 5월을 사랑하는 사람은 생명도 사랑한다. 절망하거나 체념하지 않는다. 권태로운 생활 속에서도, 가난하고 담담한 살림 속에서도 우유와 같은 맑은 5월의 공기를 호흡하는 사람들은 건강한 생의 희열을 맛본다.
5월은 계절의 여왕. 한숨을 거두고 피어나는 저 이파리들을
보자. 따분한 정치, 빈곤의 경제, 너절한 욕망을 잠시 덮어두고
저 푸른 잎들이 합창하는 삶의 노래를 들어라.

### 자연 공경

자연보호란 말에는 자연을 정복한다고 말하는 인간들보다도
더 오만한 의식이 도사리고 있다. 사정은 거꾸로가 아닌가.
인간이 자연을 보호하는 존재가 아니라 자연이 인간을
보호해준다. 그렇기 때문에 살아 있는 것이다. 부모를
공경한다고 하지 부모를 보호한다고 하지 않는다. 자연은
생명을 낳아준 '그레이트 마더大母'이므로 '자연보호'가
'자연 공경'이 될 때라야 인류는 공해에서 거듭
탄생할 수가 있다.

### 하나

수백 년 묵은 연못에 고여 있던 시간들은 개구리가 뛰어들어
수면을 갈라놓는 그 소리에 의해서 잔물결을 이루고
움직입니다.
개구리가 연못에 뛰어들 때 나는 소리는 개구리의
소리이면서도 동시에 연못의 소리입니다. 그 소리를 통해서
개구리와 연못은 하나가 되는 것입니다. 개구리와 연못은

서로 떼어놓을 수가 없습니다. 이렇게 반대되는 것이 하나가 되면서 생의 심연과도 같은 고요함이 떠오릅니다.

### 개화

겨울이란 것을 모르는 열대의 식물들은 아무리 싱싱하게 살아 있어도 화석처럼 굳어 있는 것과 다름없다.
거기에는 꽃이 핀다는 감격이 없다. 얼어붙은 흙, 그 회색의 공간 속에서, 한겨울 동안 잠들어 있던 구근球根에서 여린 생명이 터져 나오는 그 긴장이 없다. 그래서 사람들은 추위와 정적 속에서 한 떨기 꽃들이 돌연히 개화하는 기적을 보지 못한다.
빈 뜰에서 피어나는 그 꽃이 진짜 꽃이다. 구근 속에서 겨울을 통과한 꽃이야말로 진짜로 필 줄을 안다.
핀다는 것은 침묵이 있었다는 것이다. 핀다는 것은 미리 그 앞에 죽음이 있었다는 것이다. 무엇인가 피어나기 위해서 그보다 먼저 어둠이 있어야 하고 닫히는 것, 숨겨져 있는 것, 결핍과 고통과 무無가 있어야만 한다.

### 7월

7월은 태양의 달이다. 밝고 뜨겁고 건강한 계절, 크레파스를 이겨 붙인 것 같다. 태양은 절망을 모른다.
일렁이는 바다 위에서, 혹은 그렇게 푸르디푸른 수해樹海 위에서,

혹은 가난한 사람이나 외로운 사람이나 모두가 모여 사는
그 도시 위에서 7월의 태양은 아름답기만 하다.

### 조화
나무는 생명의 조화를 나타내는 극치다.
뿌리는 땅을 향해 하강하고 가지는 하늘을 향해 상승한다.
뿌리는 물을 찾고 가지는 빛을 구한다.
'하늘과 땅'이, '상승과 하강'이, '불과 물'이,
말하자면 온갖 반대어가 나무에서만은 갈등이 아니라
조용한 조화를 이루며 하나가 된다.

### 영원
하나하나의 꽃은 유한한 존재지만 꽃 전체로 보면
그것은 무한하다. 영원을 얻는 길은 하나에서 전일적인 데로
나아가는 것이다.

### 철
철은 어디에 있는가. 철은 꽃 피는 동산이나 흐르는 냇물
그리고 눈 내린 골짜기 안에도 있다. 얼음이 풀리면 한 철이
지나가고 꽃이 피면 서서히 한 철이 들어온다.
그러나 그것만으로 철이 가고 오는 것은 아니다.
우리의 마음속에, 머릿속에 모세혈관과도 같은 핏줄 속으로

철이 가고 철이 들어오곤 한다.

### 공생

생태학에 대한 관심과 탈냉전의 새 기류를 타고 지금
세계적으로 공생symbiosis이라는 말이 한창이다. 지금까지는
적자생존의 피비린내 나는 밀림의 법칙, 즉 생존 경쟁이라는
측면에서만 자연계를 관찰해왔지만 이제는 도리어 짐승들이
서로 협력하고 조화를 이루며 공존해오는 현상에 더 주목을
하게 된 것이다. 좁은 시각에서 보면 밀림은 맹수가 포효하는
약육강식의 살벌한 지옥이지만, 차원을 한 단계 올려 전체의
구조를 살펴보면 감미로운 평화와 생명이 화음으로 울려
퍼지는 오케스트라의 연주장이기도 하다.

### 기氣

기라는 말을 한자로 써놓고 보면 이상스럽게도 쌀 미* 자가
붙어 있음을 알 수 있다. 쌀밥을 지을 때 모락모락 피어오르는
김을 나타낸 글자라고 한다. 그리고 미 자 위의 기운 기 자는
걸인을 뜻할 때의 그 걸乞 자와 같은 것으로 여기저기
떠돌아다니는 구름 모양을 의미한다. 그러고 보면 기는
안개나 기류처럼 끝없이 떠돌아다니고 변하여 손으로
잘 잡히지 않는 힘이라고 할 수 있다.

### 나뭇잎

하나의 나뭇잎이 흔들릴 때 우리는 우리의
생명을 느낀다. 그렇게 푸르며 그렇게
싱싱한 생명의 율동을 생각한다. 우울하고 슬픈
날에도 나뭇잎이 트이는 신록을 보고 있으면
살고 싶다는 욕망이 가슴을 뻐근하게 한다.
―
나뭇잎을 사랑하지 못하는 사람들은 '생'도
사랑하지 못할 것 같은 생각이 든다. 태양을
향해서 그 녹색의 눈을 뜬 이파리의
아름다움이야말로 그대로 생명의 시詩가
아닌가 싶다. 이파리에서는 코를 찌르는 것 같은
향취도 없고 마음을 들뜨게 하는
화려한 빛깔도 없지만 수수한 그 몸차림이
한결 다정한 것이다. 죽어 있던 대지,
회색의 비탄에 싸여 있던 숲은 그 푸른 잎들로 하여
비로소 강렬한 삶의 지대로 변한다.

### 가을

가을은 전쟁을 치른 폐허다. 그리고 가을은 사라지는 것이
아니라 침몰한다. 하나의 모반謀反, 하나의 폭풍.
들판의 꽃들과 잎과 열매와 모든 생명의 푸른 색채가 쫓긴다.
쫓겨서 어디론가 망명하는 것이 아니라 가을은 그 자리에서
침몰한다.

—

가을에는 누구나 성숙한 생의 의미를 느끼게 된다.
시인이 아니라도 일기장이나 편지글 들에는 단풍 같은 사색의
아름다움이 물든다. 그리고 겸허하게 생의 내용을 결산한다.
외부로 쏠려 있던 시선은 안으로 잦아든다.
그리고 자신을 향해 자기가 살아온 봄의 열정, 여름의 탐욕
그리고 그 분주했던 행동에 대해서 조용히 물어본다.
그것이 바로 가을의 언어인 것이다.
그래서 가을에 만나는 사람들은 어딘가 의젓한,
깊은 생각을 간직하고 있는 듯이 보인다.

### 강

땅은 많은 성벽과 산 그리고 여러 장애물로 분단되어
있습니다. 그러나 강은 그 경계선을 뚫고 세계의 바다로
이어져 있습니다. 강의 연속성, 순환성은 동양인 한국인의
시간 의식을 담고 있습니다.

### 나목

나목은 여름의 수목보다 더 아름답다. 오히려 그 느끼한
초록빛 잎사귀들이 모두 져버렸기 때문에, 지금껏 가려져
있던 그 섬세한 나무의 줄기들이 모두 풍경 속에서 존재하기
시작한다. 가지 하나하나가 비로소 분명한 선으로,
생명의 구도로 존재하게 되는 것이다. 진짜 생명의 본질은
화장품 냄새가 나는 피부에 있는 것이 아니다. 단지 숨 쉬는
피부는 폐부와 심장을 에워싸고 있는 포장지에 지나지
않는다. 그러니 영혼은 더 말할 것이 있겠는가.

### 해바라기

오랫동안 음지에서 자라났던 한국인들은 밤에 피는
달맞이꽃이나 수줍게 피어나는 진달래꽃을 사랑하였다.
나약하고 애상적인 꽃을 즐겨 노래 불렀던 한국인의 심정
속엔 염세적이고 퇴폐적인 어두운 그늘이 서려 있었던
것이다. 한, 눈물, 체념, 실의… 이러한 생활 감정을 씻기
위해서도 '해바라기의 미학'이 필요할 줄로 안다. 태양을
사랑하는 사람은, 그리고 광명을 향하여 얼굴을 돌리는
사람은 결코 부패하지 않고 체념하지 않는 생의 의지를
지니고 사는 법이다. 그러기에 허물어진 초가의 돌담 너머로
문득 머리를 치켜든 두어 송이의 해바라기의 꽃을 발견할 때
우리는 그 남루한 생활에서도 희망을 느끼게 된다.

그러기에 누구도 너를 묶어
둘 수는 없을 것이다.

— 눈을 뜨면 그 어느 대
낮이리라 — 중에서

1979. 5. 5.

너는 새벽이며 방금 피어난
꽃이며 가지를 박차고 날
개짓을 하는 새이라. 힘 시
위를 떠나 과녁을 향해 날아
오르는 화살이여 걸음에서

李御寧

### 잠자리
고추잠자리들이 모여들기 시작했다. 여름이 기울어가는
것이다. 잠자리들은 결코 소리를 내며 날지 않는다.
무슨 웃음소리를 내는 일도 없다. 그런데도 마을로 잠자리
떼가 모여 어지럽게 날아다니는 것을 보면 꼭 숲속에
숨어 있던 복병들이 일제히 함성을 지르며 나타나는 것 같다.

### 폭력
생명은 폭력이다.
폭력의 잔악성 속에는 가을과 같은 아름다움이 숨어 있다.

### 튤립
튤립의 고향은 지중해의 바닷가다.
그러나 그 꽃 모양이 아름다웠기에 전 세계의 꽃이 되었다.
아름다운 것엔 지역이 없다.

### 물질
엠페도클레스Empedocles는 이 세상은 모두가 물질로 이루어져
있다고 생각했지만, 그 물질이라고 하는 것은 단순히 죽어
있는 것이 아니라 사랑의 원리와 증오의 원리에 의해서
끝없이 변화하고 순환하면서 영원회귀한다고 생각했다.
즉 사랑에 의해서 결합하고 증오에 의해서 분리되는 끝없는

순환 속에서 우주가 거대한 순환 고리를 이룬다는 것이다.
그러니까 네 개의 원소(아르케)들도 사랑에 의해서 결합하고
미움에 의해서 흩어지는데 이것이 꼭 우리의 음양 이론 같다.

### 추위
추위는 죽음이다. 그렇기 때문에 겨울의 추위는 인간에게
종교적인 명상을 불러일으킨다.

### 달
가을이 되고 그리고 추석이 되어도 배고픈 사람아!
너무 서러워할 것은 없다. 저 추석 달만은 그대들 머리 위에서
창창히 빛나고 있지 않은가?

### 뽕나무
거친 뽕잎이 부드러운 비단이 되기 위해서는 누에에게
먹혀야 한다. 거친 인생의 육체가 고운 영혼으로 바뀌기
위해서는 죽음에게 먹혀야 한다.

—

뽕나무의 입장에서 본다면 누에는 생명을 위협하는 가장
무서운 적이다. 그러나 그 누에 때문에 뽕나무는 더 귀중하고,
생명의 보호를 받는 나무가 되었다.

### 북풍

나목들의 앙상한 가지들이 떨고 있다. 형틀이 삐걱거리는 것 같은 그 음산한 북풍은 곧 굳게 닫힌 우리들의 창문을 두드릴 것이다. 비정의 겨울은 푸른 초원과 작은 새가 울던 평화의 수풀을 덮을 것이다. 사람들의 걸음걸이도 조급해졌다. 거리에서 파는 군밤의 따스한 촉감으로도 이제는 썰렁한 마음을 달랠 수는 없다. 마지막 국화들이 의연한 자세로 가는 계절을 붙잡고 있지만 그것도 결국 시들고 마는 것, 모든 색채, 모든 향기, 그리고 모든 생의 운기는 눈을 감고 동면 속에 잠길 것이다.

### 12월

마지막 달력 장 앞에 선다. 회한과도 같은 바람이 분다. 한 해의 시간들이 얼어붙는다. 12월! 12월은 빙화氷花처럼 결정結晶한다. 차가우면서도 아름다운 결정의 달! 1월의 기대와 2, 3월의 준비와 4월의 발열과 5, 6월의 소란과 소나기 같던 7월의 폭력과, 그리고 8월과 9월의 허탈, 불안한 10월과 여백 같은 정체의 11월, 한 해의 모든 것들이 마지막 결정하는 12월 속에 우리는 서 있다.

### 목화

목화가 실용적인 식물이 아니었다면 그 꽃은 틀림없이 장미와

겨룰 만큼의 사랑을 받고, 많은 시인의 총애를 받았을 것이다.

### 겨울

바깥세상이 폐쇄되면 내부의 세계가 넓어진다. 겨울은 내면의 계절이다.

—

겨울은 '나는 것'이 아니라 '부딪쳐야 하는 것' 그리고 그것은 절망 속에 희망을 잉태한 거대한 역설의 구근입니다.

—

생명의 계절은 여름의 소낙비 속에서 초목들이 왕성하게 자라는 여름 벌판에 있지 않다. 우리의 상식을 비웃듯이 정말로 대지가 살아 있는 때는 눈 덮인 겨울철이다. 그때야말로 대지 전체가 생명을 키우는 은밀한 버펄로의 자궁이 되는 것이다.

—

텅 빈 채소밭에 재처럼 식어버린 햇볕이 떨어지게 되면, 고목나무의 앙상한 가지에 까치집만이 덩그렇게 남게 되면, 문득 내쉬는 입김이 안개처럼 하얗게 떴다 사라지면, 마을 아낙네들의 입이 수다스러워지면, 털옷이 꺼끌꺼끌하지 않으면, 바람 소리가 나면, 팽이가 돌면, 썰매의 녹이 벗어지면… 아, 우리들의 추운 겨울이 다가오는 것이다. 기침 소리를 내면서 겨울은 그렇게 오는 것이다.

**시간**

우리는 두 번 다시 똑같은 강물 속에 서 있을 수 없다. 물이 흘러가고 있기 때문이다.
시간도 그런 것이다. 우리는 같은 현실 속에 머물러 있을 수 없다.

### 부평초

부평초는 뿌리를 한곳에 박고 살지 않기 때문에 연잎보다
아름답게 느껴질 때가 있다. 그것은 자유를 지닌 자의
아름다움이다.

―

옛날에는 부평초 인생이란 말이 무상의 탄식이었으나
이제는 희망의 탄성으로 바뀌었다.
도시는 인생을 부평초로 만들기 때문에
모든 사람이 시골을 떠나 도시로 모여든다.

### 솔개

솔개는 하늘 위에 높이 떠 있기 때문에, 땅 위에 있는 먹이를
찾아낼 수가 있다. 현실을 초탈한 사람만이 그 현실 속에서
솔개처럼 많은 의미의 먹이를 찾아낼 수 있다.

### 선인장

선인장, 그 빛나는 의지, 눈물겨운 사막의 반란자.

―

사막에 있는 선인장을 생각해보라. 건조한 바람과 메마른
모래밭, 그 갈증과 폭양은 그에게 어떤 삶을 주었던가? 어디를
보나 생을 보증할 아무런 자애가 없다. 그러기에 선인장은
외계에 의존된 생이 아니라 고립 속에서 스스로 삶의 방법을

배운 고독자이다.

―

선인장은 자기 생의 근원을 외부에서는 찾을 길이 없다.
자신의 내부에 양분과 그 수분을 간직해두지 않으면 안 될
것이다.

### 청색

높은 하늘 먼 산이 푸르게 보이는 것처럼 청색의 표면은
우리 눈앞에서 뒤로 물러나고 있는 것처럼 보인다.
푸른 것을 즐겨 바라보는 것은 그것이 우리들에게
육박해오기 때문이 아니라 거꾸로, 우리를 자기편으로
끌어들이기 때문이다. 푸른빛은 싸늘한 느낌을 준다.
그리고 또한 그것은 그늘을 생각하게 한다.

### 모란

동양에서는 모란꽃을 부귀라고 칭한다. 어떻게 생각하면 좋게
붙여진 것 같지만 실제로는 그렇지도 않다.
부귀라는 것은 사람의 본성을 말살시키는 이기와 같이
생각했다. 그 탐스럽고 사치스러운 것은 꽃의 진성을
뭉개버리는 도둑의 거친 발처럼 보았다.

### 접동새

미네르바의 부엉이가 밤의 행동자라 한다면,
접동새는 밤의 고백자라고 할 수 있다. 모든 생명은 휴식하기
위해서, 침몰하기 위해서 밤에 자고 있다. 그러나 접동새는
어둠을 견디기 위해서, 생각하기 위해서 어둔 밤을 붉은
죄로써 노래한다. 밤에도 잠들지 못하는 가장 불행하고도
처절한 새인 것이다.

### 동물

(인간은) 동물이 지니고 있는 본성을 캐내서 인간의 정신적
가치를 추구하는 사표師表로 삼았다. 벌과 개미에게서는
군신 관계를, 범과 이리에게서는 부자 관계를,
징경이와 원앙새에게서는 남녀 관계를,
늑대와 물개에서는 보은報恩을 본받고 있다.

### 농사

농사를 짓는 것은 마치 신이 우주를 창조하는 것과 닮은 데가
있습니다. 한 톨의 곡식 속에 작은 우주가 잠들어 있는
까닭입니다.

### 원圓

'사각四角의 사고'의 기반은 바로 이분법이다.

선악善惡, 주야晝夜 등을 나누는 그 이분법. 이분법이 배가되면
사분법으로 바뀌고, 이 사각형의 울타리 속에 인간은
스스로를 가둔다. 말하자면 일종의 감옥이다.
그러나 지구처럼 둥근 것은 다르다. 시작도 끝도 없고,
한계도 없으며, 각도 져 있지 않다.
둥글한 원의 사상은 순환한다.
기승전결에 상관치 않고 끝없이 돌아간다.

### 차茶

대우주가, 그 광활한 자연이 둥근 찻잔 속에 응축되고 다시
물 한 방울이 되어 인체 속으로 들어간다. 보고, 보이고,
만지고, 만져지는 관계는 이미 소멸되어버렸다.
자연과 인간이 차에 의해 일체가 되는 것으로
'축소 문화'의 자연은 제4악장째의 연주를 끝마치게 된다.
돌이 자연의 뼈라면 물은 그 혈액이다. 우주의 혈액은 인체의
피와 섞여 한 줄기의 생명이 된다.
엘리아데Mircea Eliade의 말을 인용할 필요도 없이 차를
마신다는 것은 자연을, 우주 창조의 그 시간을 마신다는
것이다. 그것은 스스로 생명을 정화하고 새롭게 하는
작용이며, 끝없이 정신의 세례를 행하는 의식儀式이다.

### 파도

파도는 끊임없이 움직인다. 한순간이라도 그 움직임을
멈춘다면 이미 그것은 파도가 아니다. 파도는 꽃이나 나무가
아니며 더구나 산과 같은 사물이 아니다. 그것은 움직임
그 자체인 것이다.

### 프리즘

빛은 우주의 모든 기억을 지니고 있는 마이크로필름이다.
그것은 가둘 수 없는 공작새이다. 프리즘의 날개를 가진 형태
없는 새, 이 세상에서 가장 변덕스러운 새이다.

### 동면

동물의 동면은 단순한 피한避寒이나 방한이 아니다.
가혹한 경쟁과 그 노동으로부터 풀려나는 따뜻한 시간이다.
자연이 가져다준 사랑이요 축복인 셈이다.

### 꽃

꽃은 평화가 아니다
저항이다
빛깔을 갖는다는 것,
눈 덮인 땅에서 빛깔을 갖는다는 것
그건 평화가 아니라 투쟁이다

—

꽃은 인간의 마음을 아름답게 만들어준다. 꽃은 침묵의 언어를 가지고 사랑을, 평화를, 인정을 그리고 꿈을 가르쳐준다. 아무렇게나 벼랑에 흩어져 핀 진달래는 소박한 전원의 사랑을 말한다. 3, 4월의 벚꽃은 감정을 들뜨게 하고 5, 6월의 달리아와 해바라기는 눈부신 열정과 강렬한 생을 맛보게 한다. 그윽한 국화, 싸늘한 수선화, 쓸쓸한 달맞이꽃, 청수한 제라늄, 뜨거운 샐비어, 그 모든 꽃들은 우리에게 위안과 희망과 기도와 사색의 자세를 알려준다.

—

꽃은 허식이 아니다. 부지런한 뿌리의 노동 속에서 가꾸어진 땀의 결정이다. 딱딱한 돌과 음흉한 땅벌레들을 피해 맑은 수분을 퍼 올리고 거친 흙더미에서 양분을 획득한 슬기의 깃발이다.
꽃은 열매를 맺기 위해서 피어나는 것이 아니라 다만 자기 표현을 위해서 밝은 색채와 유현한 향취를 갖는다.
그랬을 때만이 정말 꽃은 꽃답게 필 수가 있다.
열매는 자기 표현에 대한 하나의 보상일 따름이다.

### 진화
기껏해야 4센티미터도 안 되는 허약한 피카이아pikaia는 포식자 노틸러스nautilus(앵무조개)의 먹이로 쫓겨 다니다가

물고기로 진화했다가 다시 폐어肺魚와 지느러미가 네 발로
변한 틱타알릭Tiktaalik이 된다. 조상 피는 못 속인다. 틱타알릭
역시 철도 침목枕木의 쇠못 같은 포식자들의 이빨을 피해
헐레벌떡 육지 위로 기어올라 등뼈 달린 포유류의 선조가
되었다. 가장 약한 자가 가장 강한 지구의 승리자가 되었다는
기적 같은 반전 드라마가 용케 어머니의 양수 속에 숨어
있었던 게다. 어머니의 바다 이야기를 생각할수록 유쾌하고
통쾌하지 않는가.

―

자연대로 순응하고 자연대로 간 생물은 멸망하고, 반대로
자연을 거슬러 자연 질서에 어긋나는 일을 한 생물은 생명의
진화를 시작한다.
자연의 법칙을 주어진 대로 따르는 것이 아니라 중력을
거스른다든지, 네 발로 다니는 것이 가장 편한데도 두 발로
일어서서 수직으로 일어선다든지 하는 것처럼, 편리함을
버리고 불편을 감수하는 순간 생명은 그 불편을 극복하기
위해 독특한 힘을 발휘하게 된다.

### 새벽
새벽은 곧 닭의 울음소리며 사라져가는 어둠이며 어렴풋한
사물의 윤곽들이 조금씩 그 모습을 드러내는 숲의 윤곽과도
같은 것이다.

―

랭보의 새벽을 생각해본다. 눈을 비비고 일어나듯이
어둠 속에서 모든 사물은 서서히 그 형태를 나타내기
시작한다. 낡고 병들어버린 것이라 할지라도
새벽녘에 보는 것은 껍질을 벗긴 과일처럼 싱싱하고 새롭다.
환한 대낮보다도 새벽이 더 아름다운 이유는
아직 그 밝음 속에 어둠이 남아 있기 때문이다.

―

새벽은 3월이고 시인이고, 반쯤 열린 꽃이고, 가지를 떠나는
새이다. 활시위를 떠나는 화살이다.
그리고 새벽은 종말이자 시작인 것이다. 그렇게 살고 싶다.

### 사색

꽃이 시들어버리면 그냥 내버리는 사람이 많다. 그러나
우주를 사색하는 사람은 꽃이 시들 때 비로소 꽃의
아름다움을 본다.

### 계절

사라져가는 모든 것은 하나의 비장미를 갖고 있다.
미운 사람도 헤어질 때의 악수는 따스하다. 계절은, 그리고
겨울은 늘 그렇게 손짓을 하며 우리들 곁을 떠난다.

**이파리**

나무 이파리들은 수천수만 개의 잎이 있어도 각도가 다 다르다. 그래야 햇볕을 쬘 수 있기 때문이다. 같은 방향으로 나면 전부 그늘이 될 것인데 다른 방향으로 다르게 생겼기 때문에 똑같이 햇볕을 받을 수가 있다. 놀라운 세계다. 인간들도 나무 이파리처럼 서로 방해하지 않고 공생할 수 있는 그러한 배열을 알 수만 있다면 분쟁이 생길 일이 없다.

# 13

# 문화: 결과 알맹이

### 문화

문화란 타는 불꽃이 아니라, 마그마처럼 끓고 있다가
화산으로 폭발하는 지열과 같은 거야.

―

문명은 몰라도 문화에는 옳고 그름이 없다. 당연히 우세함도
없다. 문화는 항상 상대적이다.

―

'리빙living'과 '라이프life' 중 오늘날의 과학기술은 리빙 쪽을
해결하려고 하지, 라이프에는 관심을 두려 하지 않습니다.
(…)
'열 길 물속은 알아도 한 길 사람 속은 모른다'고 할 때 인간은
여태까지 열 길 물속을 재는 기술만 개발했지, 한 길 사람
속을 아는 것에 대해서는 어떤 기술도 생각하지 않았어요.
문화란 한 길 사람 속을 아는 기술입니다. 사랑하고 믿고 눈물
흘리는 인간의 마음에 대해서는 오늘날의 기술로 한 치도
해결하지 못하는데 문화는 그것을 해석한단 말입니다.
절망한 사람들이 시인의 어떤 시를 읽고 감동을 받았다면,
오늘날 식당이나 은행이나 놀이터에서 해결되지 않는 것을
그 시인이 언어를 통해 그들의 마음속에 호소한 것이지
않습니까. 이게 진짜 문화예요.

### 결

우리나라 말 중에 '결'처럼 좋은 말이 또 있을까.
물결, 살결, 눈결처럼 어떠한 단어에 '결'이 붙으면 사고가
시작되고 이치와 정신이 보인다. 예를 들어 물과 물결은
확연히 다르다. 물은 하드웨어적인 물物 그 자체이지만,
물결은 흘러가는 것이기 때문에 철학과 문화가 함축된 하나의
트렌드가 된다.

### 알맹이

문화는 지속성을 가지고 있지요. 그래서 내가 "문화는
다원적이고 나누는 것이며 원래가 혼잡·잡종인 것이다"라고
말하면서도 문명에 비해서는 고집스러운 알맹이를 가지고
있다고 보는 거예요. 생물학적으로도 DNA는 여러 이종
배합을 하더라도 끈질기게 살아남거든요. 그렇게 각 민족의
DNA가 생물학적으로 구분되듯이 문화라고 하는 것도 남아
있기 때문에, 오히려 외국과의 접촉을 통한 다원주의 문화에
휩쓸리면 휩쓸릴수록 자기 자신의 자의식도 알게 된다는
겁니다.

### 기호

문화는 몸과 마음을 지니고 있는 기호다. 그것은 암호처럼
해독할 수 있는 자에게만 그 속마음을 털어놓는다.

### 여론

여輿는 가마輦처럼 수레에 사람이나 물건을 싣고
다니는 것을 의미하는 글자이다. 그래서 그것을
메고 다니는 사람들을 여인輿人이라고 불렀고,
그들이 하는 소리를 여론輿論이라고 했다. (…)
예나 지금이나 참된 여론은 가마에 탄 사람들이
아니라 가마를 메고 다니는 사람들의 소박한
참언이라는 점을 잊어서는 안 된다. 그것에
귀 기울이는 것이 여론 조사나 편향된
매스미디어의 의견, 그리고 지식인들의 유행적
사조보다 몇 배나 더 중요할 때가 많기
때문이다.

### 역사

네가 아무리 통곡을 하며 애원한다 하더라도 세계의
온 인류가 북을 치고 부른다 하더라도 가는 계절을 잠시도
멈출 수 없으며, 떠 가는 구름을 순간이라도 묶어둘 수는
없다. 하지만 역사는 인간의 의지와 마음과 그 슬기로
얼마든지 고칠 수도 있고 바꿀 수도 있다. 그것은 찰흙과도
같다. 너는 이 찰흙 같은 역사에 너의 마음을 빚을 수 있다.
그 찰흙으로 호랑이를 만들 수도 있고 비둘기를 구워낼 수도
있다. 그것이 자유인 것이다. 그것이 너의 책임이며 희망인
것이다.

—

역사가 없으면 세대도 없다. 할아버지가 입던 옷을 아버지가
입고, 아버지가 입다 버린 것을 그 자식이 입는다. 그러다가
옛날 화려했던 옷은 조각보처럼 남루해지고 그 색채는
바래고 만다.

—

역사란 흘러가버린 시간이 아니라 괴어 있는 시간, 미래를
향해 도리어 흘러내려오는 그런 시간이다.

—

죽은 고기라면 세월이 흘러가는 대로, 세상 흘러가는 대로
그냥 흘러가면 돼요. 그런데 살아 있는 것들은 이상스럽게
새도 그렇고, 물고기도 그렇고, 사람도 그렇고 거슬러서

올라가려는 그런 마음이 있어요. (…) 물질은 떠내려가요.
그러나 생명체는 거슬러 올라가요.

—

로마에는 모든 것이 개방되어 있다. 개방되어 있는 것이
아니라 그대로 사용되고 있다. 스페인 광장의 계단은
시민들이 나와서 일광욕을 하는 데이며 꽃 전시를 하는 데다.
(…) 역사는 정지된 것이나 박물관의 품목이 아니라, 사치품이
아니라 바로 살아서 호흡하는 생활 그 자체다.

## 여가
산업자본주의 시대에서 노동은 삶의 수단이 아니라
그 목적으로 군림한다. 여가는 노동의 재생산에 불과하고
휴식은 노동의 효율성을 위한 준비 과정에 지나지 않는다.
오락을 의미하는 레크리에이션(재창조)이란 말이 바로 그런
것이다. 하지만 아리스토텔레스는 그의 정치학에서 여가를
생활의 최고 상태요, 행위의 제일 원리라고 말하고 있다.
여가 가치가 노동 가치보다 우위에 설정돼 있는 철학이다.
앞으로 오게 될 문화자본주의를 맞기 위해서는 시간은 돈이
아니라 생명이라는 사실과, 삶의 목적은 노동의 고통이
아니라 여가의 즐거움과 창조적인 기쁨이라는 인식의 변화가
일어나야만 한다.

### 죽음

죽음의 처절성과 그 끔찍함을 외면하려고 할 때 그 문화는 세속화에 젖어 안이한 쾌락에만 젖는다. 그리고 죽음에 직면하여 그것을 생 속으로 끌어들이려는 정신을 잃었을 때 오히려 그 문화와 문명의 생명력도 잃게 된다.

### 개혁

단추는 위에서 아래로 채워가는 것이지만 지퍼는 반대로 아래에서 위로 잠가야 한다. 개혁은 위에서 아래로가 아니라 아래에서 위로 올라가야만 성공을 거둘 수가 있다. 지퍼 역시 첫 단추를 끼우듯이 올리기 전에 이를 잘 맞춰줘야 한다. 그렇지 않으면 중간에서 걸려 잠겼던 것이 풀어지고 지퍼는 요지부동 움직이지 않게 된다. 처음에는 위에서 아래로 지퍼를 일단 고정시켜 놓고 다음에는 그것을 아래에서 위로 치켜올려야 한다.

### 진선미

사실을 인식하는 진眞, 행동하는 윤리의 선善, 그러한 인식과 행위의 주체로서 자기를 표현해보려는 미美, 이 세 가지를 가지고 옷을 만들지. 그것이 바로 문화란다. 따지고 보면 인간의 피부를 덮는 허구인 거야.

**무지개**

여름에는 굴렁쇠를 굴리며 놀던 하얀 길이 생각난다.
무슨 덩굴 같은 것, 갑자기 은빛 햇살처럼 쏟아지는 소낙비.
그리고 굴뚝 위에 걸려 있는 무지개가 생각난다.

—

모든 무지개가 다 아름다워. 왜냐하면 어떤 한 사람의
생각이나 어떤 한 집단의 문화만을 절대적으로 옳다고 할 수
없기 때문이야.

—

겨울은 강철로 된 무지개인가 보다고 육사陸史는 노래했다.
겨울에는 꽃도 없고 새소리도 없지만, 그렇기 때문에
오히려 시인의 역할은 커지는 것이다. 얼어붙은 산하를
강철의 무지개로 만드는 것은 오직 시인의
창조적인 상상력으로만 가능해지는 까닭이다.


**공동체**

종주국 따지는 게 문화가 아니다. 지금 여기에 그 문화를
어떻게 쓰고 있고 어떻게 지키고 있느냐로 문화 공동체가
생기는 것이다.


**두 다리**

인간에겐 역사와 신화의 두 다리가 있다.

역사는 먹고 자고 입는 일상의 울타리 속에서 움직이며,
신화는 사랑하고 노래하고 춤추는 초월의 언덕 위에서
행동한다. 밥은 역사의 양식이며 술은 신화의 양분이다.
그렇다. 역사와 진화는 인간의 시간을 지탱하는 두 다리이며,
그 교체 운동은 생의 길을 걸어가는 인간의 생애이다.

### 소리

콜럼버스는 맨 처음 산토도밍고섬에 상륙했을 때,
유럽에서보다 한결 아름답게 우는 종달새 소리를 들었다고
적었다. 그러나 실제로 그 섬에는 종달새가 살고 있지
않았다. 우리도 콜럼버스처럼 21세기의 신대륙에 첫발을
들여놓고 있으면서도 처음 듣는 새소리를 새新 소리로 들을 줄
모르는 때가 많다.

### 브레이크

어느 시대, 어느 나라에도 치열한 생존경쟁은 있습니다.
그리고 그 뜀박질 경주는 어디에서나 속도에 의해서
결정됩니다. 그러나 달리기 위해 만들어진 자동차에도
액셀러레이터만이 아니라, 속도를 늦추기 위한 브레이크가
있다는 것을 기억해야 할 것입니다. 문명이 액셀러레이터라면
문화는 바로 그 브레이크에 해당합니다.

## 감각

'보는 것'은 로고스적인 것이며 '듣는 것'은 파토스적인 것이다. 즉 눈의 문화는 지성적이고 이성적이고 논리적이며 능동적인 것이다. 그러나 귀의 문화는 정적情的이고 감성적이고 직감적인 것이며 수동적이라고 할 수 있다. 미국의 시인 A. 매클리시Archibald MacLeish는 그의 라디오극 〈도시의 몰락The Fall of the City〉이란 서문에서, "눈은 리얼리스트다. 눈은 먼저 것과 다음의 것을 보고 그것을 서로 연결시키지 않고서는 견디지 못한다…. 귀는 시인이다. 귀는 믿는다. 창조한다. 그리고 믿는다"라고 말했다. 그의 말을 그냥 믿어둔다면 눈의 문화는 과학적인 문화이며 귀의 문화는 시적인 문화라고 할 수 있다.

### 미래

부모는 과거다. 내가 훗날 부모가 되면 부모의 과거였던
시간이 내 훗날 미래의 시간이 되는 것이다.
그것이 옛이야기의 의미. 수천 년을 이어온 옛이야기,
그때 내 말이 있었고, 내 말이 또다시 수천 년을 이어 아이의
옛이야기가 되는 것이다. 어머니에게 옛이야기를 들은
아이는 이야기하는 사람으로 바뀌고, 그 아이의 아이로
또다시 이어진다. 과거가 미래가 되고, 미래가 또다시 과거가
되어 미래로 탄생한다.

### 별자리

태초의 사람들은 하늘에 흩어져 있는 별들을 그냥 바라보지
않았다. 북두칠성처럼 별과 별을 이어서 하나의 별자리를
만들어냈다. 그리고 그 모습 속에 견우직녀와 같은 아름다운
이야기를 적어 넣었다. 말하자면 별을 만들어낸 건
하늘이지만 별자리를 만들어낸 것은 사람의 마음이다.
그렇기 때문에 하늘의 별들은 똑같지만 별자리와 그 전설의
이야기들은 민족과 나라에 따라 다 달라진다.

### 애국

히틀러는 독일을 사랑하지 않았던가? 그렇지 않다.
그는 너무나도 독일을 사랑한 것이다.

그러나 그 맹목적인 사랑이 그의 조국을 망치게 한 것이다.
중요한 것은 애국의 열정이 얼마나 뜨거운 것인가가 아니고
애국하는 방법이 얼마나 정당한 것인가 하는 데에 있다.

### 넘어서다
문화는 현실을 피하는 것이 아니라 받아들이고, 받아들이는
데서 그치는 것이 아니라 그것을 넘어서려 할 때 꽃핀다.

### 춤
춤은 세대의 율동을 상징하는 것이며 세대의 감정을 그대로
고백하는 육체의 언어다.

―

한국어에서 '춤'이라는 말은 확실치는 않으나
'치솟음(솟아오르다)'에서 왔다는 설도 있다.
물론 여러 종류의 춤이 있겠지만, 대개 그 기본이 되는 것은
학무鶴舞와 같이 새가 나는 모습, 바야흐로 날기 시작하는
형태의 율동이다. 춤의 기본 형태를 분석해보면 세계를 향해
자기를 열어 보이는 동작에서 초월적인 세계를 향해 상승하는
상징성을 발견할 수 있다. 대부분의 춤은 파도와 같이
퍼져가며, 새가 날고 구름이 흐르듯이 유전한다.

### 아고라

아고라에서 필요한 것은 권력과 칼이 아니다. 시민이 6천 명 이상 모여야 성회成會가 된다는 이 노천 광장에서는 모든 사람이 들을 수 있는 우렁찬 목소리와 모든 사람이 마음속으로 감동할 수 있는 참된 수사학이 있었던 것이다.

### 매력

문화의 힘은 '매력'입니다. 동시에 나눌수록 즐거움이 커지는 '체험'입니다. 우리가 똑같은 커피를 마시면서 왜 인테리어가 좋은 곳을 찾겠습니까? 매력적인 체험을 할 수 있기 때문입니다. 물질이 제공하는 만족은 유한한 것입니다. 문화적 매력이야말로 진실로 항구적 가치를 창조하는 것입니다.

### 사회

문화라는 말은 언뜻 뭔가 수준 높아 보이고 좋은 것 같지만 조금만 깊이 생각해보면 인간이 자연 속에서 그냥 살 수 없기 때문에 만들어낸 궁여지책일 뿐입니다. 짐승들은 문화 없이도 살아갈 수 있으니까요. 인간은 저 혼자서는 도저히 살아갈 수 없기 때문에 사회를 만들고 문명이라는 것도 만듭니다.

### 즐거움

우리는 그동안 노동에 대한 훈련과 교육은 받았지만 삶을 즐기는 방법에 대해서는 무엇 하나 배운 것이 없다.
그래서 스포츠도 한자로 번역하면 '체육'으로 '체조 교육'의
뜻이 되고 만다.
그러나 21세기는 교육도 놀이로 하는 에듀테인먼트의 시대다.
월드컵의 경제적 효과도 중요하지만 그보다도 더한 것은
즐거움이라는 가치 체계에 대한 새로운 인식이다.
경제는 삶의 수단이지 결코 목적이 아니다.

### 흙

예외는 있을망정 우리 조상들이 남긴 유산은 나무와
흙이었다. 흙 위에 집을 세웠고 나무로 대들보와 기둥을
만들었다. 시간이 흐르면 썩고 무너지고 이지러지고 만다.
거기에는 세월과 더불어 사라져가는 슬픈 인간의 운명이
있다. 그야말로 남아 있는 것은 주춧돌과 추초秋草뿐이다.
그러나 아크로폴리스는 150미터의 높이로 솟은 암산이다.
그리고 삼면이 낭떠러지로 되어 있는 석회암의 견고한 대석
위에 그들은 대리석의 신전을 세웠다. 돌 위에 돌집을 짓고
다시 그 돌집에 돌로 된 조각을 만들어 붙였다. 톱으로 썰어
온 나무가 아니라 끌로 캐낸 펜텔리콘 대리석이다.
그것은 인간 일체를 파괴하는 시간에의 위대한 도전이었던
것이다. 형체(공간)에 의한 시간의 정벌, 그것이 그리스인의
영원이다.

흙의 문명과 돌의 문명, 그것이 바로 우리와 그들의 생활을
나누는 상징적인 척도가 아니었던가.

### 권위
모든 권위는 군주든 군중이든 간에 그것을 구별할 필요는
없다. 왜냐하면 모든 권위는 다 같이 악이기 때문이다.

### 물고문
문화에 목마르게 하는 것, 그것이 최상의 문화 정책이에요.
목마를 때 물을 마셔야지, 목마르지도 않은데 물을 먹이면
그게 바로 물고문이지요.

### 매체
같은 글씨라도 무거운 돌에다 새길 때 다르고 종이에 쓸 때
다르다. 무엇을 쓰느냐의 내용(메시지)보다 어디에 쓰느냐의
매체에 따라 인간의 사상은 바뀐다.
돌에다 글씨를 새기면 천년만년 갈 것이다. 그러므로
돌에 글씨를 새기는 사람은 자연히 역사라는 것을,
몇만 년 뒤에 올 사람을 생각한다. 먼 어제와 내일이
돌을 통해서 이어간다. (…)
그러나 종이만 해도 그렇지가 않다.
종이는 운반하기가 쉽다. 사람이 가만히 있어도

종이에 적힌 글은 배달될 수 있다. 즉 비석과는 달리
글이 사람을 찾아다닌다.
그러므로 백 년, 천 년 전보다 많은 이웃 사람들이
보아줄 것이라고 생각한다. 산 너머 사람들, 바다 건너의
사람들도 종이에 쓴 글씨는 쉽게 읽을 수 있다.

### 새천년

2000년 1월 1일 밀레니엄의 첫날, 전 세계를 향해 메시지를
전하는 이벤트가 있었다. 한국인으로서 무엇을 보여주고 어떤
메시지를 전해야 할까, 고심 끝에 선택한 것은 아기의
첫 울음소리였다. 전 인류가 맞이하는 첫 새벽에 새로운 미래,
새로운 천년을 향해 대한민국 즈믄둥이의 우렁찬
첫 울음소리가 울려 퍼지게 하자는 취지였다. (…)
다른 나라가 군사력과 경제력을 앞세워 눈에 보이는 거대한
조형물을 세울 때, 우리는 눈에 보이지 않지만
몇조의 가치와도 바꿀 수 없는, 인간에게 가장 고귀한 생명의
울음으로 새천년을 열었다.

### 국어

국어는 정신의 정부이다. 외적이 침입하여 국토를 빼앗아도
국어가 남아 있는 한 국민의 정신을 통치하는 정부도
사라지지 않는다.

## 이름

우리는 자기의 직장 내 비리를 고발하는 사람을
밀고자라고 부르지만 미국에서는
'휘슬 블로어whistle-blower(호루라기 부는 사람)'라고
한다. 이름 하나로 부도덕한 밀고자가 다른 곳에서는
반칙한 선수에게 경고의 호루라기를 부는 당당한
심판자가 된다.
정치적인 시선과 그 행위는 언제나 이름 짓기,
이름 부르기에서 시작된다. 그래서 한쪽에서
의식화라고 부르는 것을 반대편에서는
세뇌화라고 한다. 다양한 의견은 중구난방,
자유경쟁은 약육강식이 되고, 사소한 일상적 언어
표현에서도 신중한 사람은 우유부단한 사람,
신념은 고집불통, 열정은 광기로 각기 평가의
수식어가 달라진다.

### 꿈

왜 우수한 문화를 가졌던 동양이 근대에 와서 서양의 지배를
받게 되었는가라는 물음에 대해서 '꿈' 자 하나 때문이라고
답하는 사람들도 있다. 영어의 '드림dream'은 원래 '즐거움'과
'기쁨'의 뜻에서 생겨난 말이다. 떠들썩한 잔치판을 그렇게
부르기도 했다. 그러나 한자의 '꿈夢'은 '남가일몽南柯一夢'이나
장자의 '호접지몽胡蝶之夢'처럼 덧없는 것이 아니면 환상의
뜻으로 쓰였다. 원래 그 글자 자체가 어두운 것,
사라져버리는 것을 의미했던 것이다. 구대륙의 문화가 신대륙
문화로 바뀌고 아메리칸 드림이 생겨나 개척민들이
허허벌판에 새로운 문명을 만들어내는 것과 같은 변화가
동양 사회에서는 일어나지 못했다.

### 관습

'버릇없다'는 말을 분석해보라. 버릇은 관습이란 뜻이며
동시에 예의란 뜻이 된다. 관습이 곧 모럴로 통해 있는
이 사회에서는 구세대의 관습을 부정할 때 곧 그것이
부도덕한 것으로 나타나게 된다. 얼마나 그 반항은
어렵고 고독한 것이냐?
토착적인 관습이 생의 모럴을 지배하고 있는
노인왕국老人王國의 이 사회에서는 젊다는 것이 곧 하나의
죄인 것이다.

### 이치
이치를 존중하지 않는 세계, 이데올로기가 없는 세계에서는
'편의주의'가 행동의 척도가 될 수밖에 없다.

### 도시
연둣빛 하늘을 배경으로 하여 우아한 곡선으로 흐른 지붕들의
물결은 눈으로 보는 음악이다. 그리고 꽃이 있는 발코니와
창의 행렬은 생활의 시집이다.
로마가 하루아침에 이루어진 것이 아니라고 한다면 파리의
아름다운 조화는 한 사람의 힘으로 이루어진 것이 아니라고
할 수 있다. 그것은 한 사람 한 사람이 호흡을 같이하여
손질한 결정체다. '도시의 미'야말로 집단 예술이다.

—

아시아형 도시는 우선 사람이 사는 집이 있고, 그 집을 길이나
다양한 구역이 감싸고 있지만, 서양의 도시는 먼저 길과
광장을 만들고 사람의 주거를 그 도시의 공간 안에 넣는다.

### 전통
위에서 내려오는 문화의 전통은 부모에 의해서 아이들에게
전수되는 법입니다. 그리고 자기도 모르는 사이에 몸에
배어버리는 것입니다.

### 인재

말 중에 천리마가 있는데 보통 사람들은 그게
천리마인 줄 모르고 수레를 끌게 하는 거야.
단숨에 천 리를 달리는 게 짐짝을 끌라고 하면
소만도 못하잖아. 백락이라는 사람은 말야,
이거 딱 보면 명마라는 걸 알아봐. 그래서 이렇게
말이 있는데 백락이라는 사람이 딱 일 초만
멈춰 서서 봐도 말의 값이 몇십 배가 뛰는 거야.
천리마가 중요해? 백락이 중요해? 백락은
천리마는 아니지만 천리마를 알아보는 사람.
그러니까 한 나라의 대통령이 천리마는 아니야.
뭐가 돼야 해? 백락이 되어야 하는 거야. 자기는
천리마가 아니더라도 인재를 알아볼 수 있는,
그게 인재보다도 나은 거야.

### 문화주의

먹고 나서 우리는 무엇을 하는가, 입고 나서 우리는 어디로
가는가, 잠자고 난 다음 우리는 무슨 말을 해야 하는가.
산업주의는 이런 물음에 대해서 아무 말도 하지 못합니다.
이러한 물음표에 대해서 입을 여는 것, 행동을 결정하는 것이
바로 우리가 따르는 문화주의입니다.

### 히피

젊은이들이 히피처럼 되기를 나는 원치 않는다.
그러나 더욱 원치 않는 것은 히피조차 나올 수 없는
획일화된 사회, 굳어버린 그 사회다. 자신이 있는 사회,
꿈틀대는 사회에 히피가 있고 젊음이 있다.
참으로 깊은 혼란 그리고 참으로 깊은 위험 속에 직면한
사회는 젊은이가 겉늙어버린 사회, 할아버지와 아버지와
아들이 사물을 다 똑같이 보고 세상을 다 똑같이 살아가는
사회다. 진리는 언제나 반대어에서 또 한 걸음 앞서가는
것이기 때문이다.

### 소프트 파워

지금 정치적으로는 진보다 보수다 해서 보혁 갈등이
심하지만, 소프트 파워의 관점에서 보면 한국은 백 년 전
구한말이나 반 세기 전 해방 직후의 상황과 크게 다를 것이

없다. 땅을 파봐야 석유는 나오지 않는다. 뚫어야 할 시추공은 바로 한국인의 머리와 가슴이다. 묻혀 있는 이 창조력이야말로 21세기의 번영을 담보하는 자원이다. (…) 나이와 관계없이 머리가 굳은 사람들이 '소프트'해져야 '소프트 코리아'가 된다. 그렇지 않으면 우리는 영영 역사의 플랫폼에 홀로 남게 될지 모른다.

### 개별성

시간과 공간이 지구화globalization할수록 문화적 지방성이나 핏줄의 개별성은 더욱 짙어집니다. 문명은 보편성과 하나의 것을 지향하지만 문화는 개별화의 신화를 창조해내려고 하기 때문입니다.

### 힘

칼로 영토를 넓히고 주판으로 시장을 넓히는 확대주의는 진정한 확대일 수 없다. '사랑'이나 '예술'이나 '진리'의 발견이야말로 인류의 구석구석에까지 번지는 확대의 힘이다.

### 밥

밥의 문화는 정성의 문화이고, 빵의 문화는 가는 문화, 개간의 문화라고 할 수 있을 것이다.

### 술래

모든 예술과 철학과 종교는 숨는 자의 그 외로운 그늘 속에서 창조되었다. 디오게네스는 통 속에 숨었고, 공명孔明은 와룡강臥龍崗 초당草堂에 숨었고, 릴케는 뮈조트의 고성古城 속에 숨었다.
그러나 아들이여, 숨는 자가 있으면 그것을 찾아내는 슬기로운 술래들이 있었음을 잊어서는 안 된다. 알렉산더는 디오게네스를, 유비劉備는 공명을 찾으러 다녔다.
권력 있는 정치가와 돈 많은 부자들은 숨은 자를 찾는 그 술래의 구실을 하고 있었다. 위대한 사회와 그 문화는 이 즐거운 숨바꼭질의 논리에서 생겨난다는 것을 너는 아는가?

### 헤어스타일

헤어스타일은 시대의 스타일이며 정신의 형型인 것 같다. 더벅머리의 비틀스 헤어스타일에서 인공적인 데서 자연적인 것을 그리워하는 유럽 청년의 경향을 볼 수 있고, 또한 흑색과 황색을 새치로 염색하고 있는 유럽 여인들의 모색형에서 획일주의를 싫어하는 심정을 볼 수 있다.

### 뿌리

뿌리 없는 문화, 그것은 플랑크톤의 문화다. 대중 속에 침투되지 못하는, 그리고 생활 근거와 결합되지 못하는,

또한 민족의 혈육 가운데 섞여서 동화되지 못하는 문화는
장식으로서의 문화, 모방으로서의 문화다.

### 사상
사상, 그것은 우리가 처해 있는 장소다.
그러기에 피레네산맥의 저편에서는 진리인 것도 이쪽에선
도리어 악덕일 수 있다고 말한 사람이 있었다.

―

심각한 사상도 일단 부호처럼 사용하게 되면 허리띠가 된
악어처럼 그 힘을 상실하고 만다.

―

가부좌를 한 사유불상처럼 생명의 사상은 정지의 몸짓을
요구합니다. 사상은 보리처럼 천천히 익어가는 것이기
때문입니다.

### 의식
의식이라는 타액은 모든 객관적인 사물을 용해하여 관념으로
바꿔놓고 있다. 그래서 사물은 사물 그 자체로서 존재하는
것이 아니라 인간과의 신화 속에서 윤색되기 마련이다.

### 올림픽
세계의 인종들이 한자리에 모여 무엇인가 협력해서 아름다운

유종의 미를 거둔 게 있다면 그것은 올림픽뿐이다.

—

사람보다 더 높이 뛰고 더 잘 달리고 더 힘센 짐승들도 많다.
그러나 동물의 세계에서는 올림픽이란 것이 있을 수 없다.
올림픽은 힘과 기예의 자랑이 아니라, 인간 정신의
자랑이어야 한다.

### 유교
동아시아인들의 생산 의욕의 뿌리는 가족에 있습니다.
남편은 아내와 자녀를 위해서, 아내는 또 남편과 자녀들을
위해서, 그리고 자녀들은 부모를 위해서 외로움과 어려움을
참아냅니다. 그러니까 가정이 종교로 되어 있는 것이
'유교'입니다.

### 관광
관광산업이란 역사와 조상을 팔아먹고 사는 산업이다.
좋은 역사와 좋은 조상을 두었다는 것은 이제 단순한 민족의
긍지가 아니라, 하나의 돈벌이인 것이다.

—

관광을 '제5의 자유'라고 생각하게 한 현대 문명, 바로
그것이 이탈리아로 하여금 7억이 넘는 외화를 벌어들이게 한
힘인 것이다. (…) 시간은 남고 돈은 있다. 생활은 권태롭고

세월은 단조하다. 무엇인가 변화가 있어야 한다. 옛날 같으면
이럴 때 으레 소리치는 구호가 있었다.
"전쟁을 하자, 전쟁…." 평화는 전쟁보다 더 견디기
어려운 형벌이라고 생각하는 것이 바로 인간의 생리다.
그러나 원수폭原水爆이 생기고부터 섣불리 불장난을
할 수 없게 되었다. 20년이라는 기나긴 태평연월 속에서
그들이 생활의 자극을 구하기 위해서 발견한 것이
이 관광 여행이다.
전쟁을 하느라고 잘 닦인 길이 있다. 넓은 비행장이 있다.
승용물乘用物이 발달했다. 폐물 이용 치고는 안성맞춤이 아닌가.

### 인쇄

붓글씨와 가장 대극적인 글씨가 있다면 그것은 바로
벽돌처럼 찍혀 나오는 글씨, 기하학적인 직선과 일정한
규격을 갖춘 그 인쇄 활자일 것입니다. 사람의 손과 얼굴이
자취를 감추어버린 글씨입니다. 더 이상 거기에서는 '쓴다'는
의미를 찾아낼 수가 없습니다. 죽어버린 글씨입니다.
'쓰는 행위'가 '찍는 행위'로 바뀌는 데서 활자 문명은
시작되었다고 말할 수 있겠지요.

### 관찰

우리가 과학을 하든 예술을 하든 정치나 경제 등에서 가장

중요한 출발점이 무엇이겠습니까? 저는 그것을 관찰이라고
생각합니다. 우리가 이 세상을 건성건성 살고 있는데,
무언가를 유심히 보고 관심이 있었을 때 거기서 비로소
의미가 생겨나고 무언가를 발명하고 발견하게 됩니다.
그렇게 해서 우리가 살고 있는 문화와 문명이 시작됩니다.

### 노래

시의 수목, 언어의 그 꽃잎들도 제각기 고유한 풍토의 의미를
간직하고 있다. 우리가 듣고 부르는 그 노래의 가락들을
꺾어보면 그것을 움트게 한 역사와 사회의 율동, 그리고
그 운명이나 생활의 호흡이 떠오른다. 춥고 어두운 풍설의
노래도 있고 따스한 초원의 미풍 같은, 혹은 해일의 파도 같은
노래도 있다. (…)
그 언어와 가락들은 우리에게 말해주는 것이다. 어떻게 고난의
비바람을 견디어왔고, 또 어떻게 그 좋은 계절에서
자라왔는지를….

### 몰개성

타인 지향적 사회란 무엇을 의미하는 것일까?
그것은 영화, 텔레비전 그리고 시네 사인, 광고와 유행의
물결이 지배하고 있는 대중사회를 뜻한다.
이러한 사회에 있어서 인간은 하나의 뜬 거품과도 같은

것이며 기계의 나사못과 같은 것이며 텅 빈 허수아비와 같은
것이다. 개성을 지니고 살아가는 것이 아니라 러시아워의
물결에 밀려 흘러가듯이 타인들을 따라서 그냥 움직이고 있는
삶이다.

### 교육
지식을 먹는 음식에다 비교하면 선생은 그 지식을 요리해서
주는 요리사요, 학생은 음식을 먹는 사람이 될 것입니다.
그렇다면 젓가락이나 포크와 같은 것은 그 지식을 수수하는
방법이 될 것입니다. 이러한 유추로 보면 젓가락과 같은
것으로 지식을 흡수한다는 것은 일방적으로 지식을
전달해주는 주입식 교육이라는 것을 알 수 있습니다.
지식을 먹기 좋게 잘라서 입에 넣어주는 암기식이 주가 되는
방법이지요. 그러나 문제만을 던져주고 그것을 베어 먹는
학생들이 토의로 풀어가도록 하는 서양의 개인주의적
교육법은 고기를 덩어리째 주고 자기가 잘라 먹도록 하는
포크–나이프와 같다는 것을 알 수 있습니다.

### 진짜
사우디아라비아 같은 중동의 사막 속에 석유가 묻혀 있는
것처럼, 원래 귀중한 것은 바깥에 드러나 있지 않고 땅속
깊숙한 곳에 있지요. 다이아몬드도, 보석도, 땅속의 지층에

매장되어 있습니다. 특히 맑은 샘일수록 땅속 깊은 수맥에서 흘러나옵니다.
역사나 우리의 문화라는 것도 그 깊숙한 땅속, 끝없이 깊은 곳으로부터 우러나오는 것이 진짜고, 그것만이 영원한 생명력을 가진 것이라고 할 수 있습니다.

### 씨앗

맛이 없다고 해서, 영양가가 없다고 해서, 그리고 독성이 있다고 해서 그냥 버려둔 식물 가운데 그 씨앗을 잘 가꾸고 기르기만 하면 얼마든지 풍요한 식량으로 바뀔 수 있는 것들이 많은 것처럼, 우리는 버려진 우리 문화의 씨앗들에 대해서 생각해보지 않으면 안 될 것이다.

### 군주

수원 화성을 만들 때 골머리를 앓은 거예요.
너무 아름답게 만들려고 하니까. 그래서 신하들이 성이라는 것은 적을 물리치기 위해서 튼튼하게만 짓고 강하면 되지, 뭘 그걸 그렇게 아름답게 지으려고 그러십니까.
이렇게 신하들이 간하는 것을 보고 정조가 얘기하더라.
"아름다운 것이 힘이니라. 아름다운 것이 강한 것이니라."
이런 군주를 가졌다는 것이 저는 참 자랑스러워요.
어느 군주가 이런 말을 해요?

발 끝을 가린 당신의 옷자락을
더러운 이 손으로 조금 만져봐도
되겠습니까.
아 그리고 그 손으로 저 무지한
사람들의 가슴에서도 풍금소리
를 울리게 하는
　　한 줄의 시를 쓸 수 있게
허락 해 주시겠습니까.
　　　　　〈어느 무신론자의 기도〉에서
　　　이 어령

## 절대 윤리

보상을 받지 않아도 옳기 때문에 해야 되는 것, 자신에게
이롭든 이롭지 않든 지켜야 되기 때문에 지키는 것, 그것이
절대 윤리입니다. 상대적인 변화에 좌우되지 않는 그 힘이
있는 이상, 세상은 물거품이 아닙니다.

## 지식재산

우리는 오랫동안 '청기와 장수'의 문화 속에 살아왔어.
저 혼자 청기와를 만들고 아무에게도 알려주지 않아
그 비법이 후세에 재현되지 않았지. 서양도 중세까지는
특별한 기술을 비방秘方으로 숨겨 '미스터리'라 불렸지.
이런 관행에서 벗어나 기술의 독점적 가치를 인정하되
그 비법을 공개하자는 사회적 타협이 바로 특허야.
지식재산권이 보장되지 않는 사회에서는 창의성과 발전을
기대할 수 없어. (…)
미래 상품 시장에서는 어디서 본 듯한 것이 아니라
'저거 삼성 거잖아'라고 한눈으로 알아볼 수 있는 디자인
감각과 창조적 상상력으로 차별화한 제품들을 만들어가야 해.
그렇게 하려면 인간과 인간, 인간과 기계 그리고 인간과
자연의 그 접촉면에서 인터페이스 혁명이 일어나야 해.
그를 통해 새로운 지식재산의 강국이 돼야 해.

### 천재
이 세상에는 천재도 없고 바보도 없다. 천재도 만들어지고
바보도 만들어진다.

### 스토리텔링
인간의 역사는 반드시 진리나 과학적 증명으로 만들어지는
것이 아니라, 스토리텔링이 얽히고설키다 하나의 신화를
만들고 스토리를 만드는 이야기 속에서 바뀌어갑니다. (…)
언어라는 건 근거도 없는 것 같고 잘못된 것 같기도 합니다.
그러나 결과적으로 그러한 말이 어떤 군사력이나
경제력보다도 강한 역사를 만들어왔습니다.

### 빈터
아이들은 빈터에서 자란다. 빈터란 어느 공리적 목적을
위해서 있는 땅이 아니라 아무것도 설계되어 있지 않은,
가능성만을 지닌 여백의 장소이다. 빈터에는 어떤 목적이라는
것이 보류되어 있다. 그렇기에 그것은 오직 놀이(유희)에만
필요한 장소로서 존재한다. 아이들만이 아니라 인간은 생산의
공간 못지않게 이 빈터를 필요로 한다.

### 대립
이 세상은 두 토막으로 빠갤 수 있는 장작개비가 아니다.

손등과 손바닥처럼 둘이면서도 뗄 수 없는 하나인 것이
더 많다. 우리는 그것을 알고 있었기 때문에 선 하나도
붓글씨의 그 '한 일一' 자처럼 점을 찍고 긋고 다시 힘을 주어
붓을 떼는 세 강약의 터치로 그었다. 거기에서 셋이면서도
한 획인 선의 아름다움이 창조된다. 그러나 서양 사람을 보고
한 일 자를 쓰라고 하면 자를 대고 그은 것처럼 단순한
기하학적 선 하나가 될 것이다. 이런 관점에서 보면
분단, 갈등과 대립, 혁명으로 얼룩진 서양의 역사와 그 문명의
비밀을 알 것 같다.

—

서구 사회를 지탱하고 또 끌어가고 있는 것은 개인주의이다.
그리고 개인과 개인을 잇고 있는 것은 바로 대립 관계이다.
이 대립이 있기 때문에 사회는 발전하고 끝없이 새로운
변화를 가져온다.


### 도장
공무원의 부패는 도장 문화권의 특성이기도 하다.
관청 권력의 9할은 바로 이 도장 찍는 위력을 통해서
발휘된다. 모든 규제의 봉인도 도장으로 찍은 것이요,
그것을 풀어주는 허가장 면허장도 도장으로 찍은 것이다.
'찍는다'는 말 자체 속에 이미 시퍼런 권위가 들어 있다.

### 세대

세대는 태양이다. 어둠 속에서 솟아오르는 맑고 싱싱한 햇살처럼 그것은 탄생한다.

그래서 거기 또 하나 새로운 시간이 마련되는 것이다. 그것을 사람들은 오늘이라고 부른다. 태양이 떠올라야 오늘이 있듯이 새로운 세대가 탄생되는 곳에 오늘의 역사, 오늘의 생활이 있다. 그러나 태양의 운명은 그렇게 떠오르던 것처럼 또한 그렇게 침몰해가야만 한다. (…)

세대는 바람이다. 바람은 계절을 만들고 그 기상 속에서 일정한 방향과 속도를 잡는다. 때로는 죽었던 대지에 푸른 잎을 피우기도 하고 때로는 거센 폭풍으로 비와 눈보라를 휘몰아쳐오기도 한다. (…)

어느 세대는 인류의 역사에 아름다운 꽃을 피게 했으며 어느 세대는 이 사회에 숱한 비극의 낙엽을 뿌리고 간다. 세대마다 그 세대 특유의 방향과 속도가 있기 때문이다.

세대는 강물이다.

강물은 잠시도 쉬지 않고 흐른다. (…)

그 세대의 조류는 누구도 막을 수 없는 힘을 가지고 굽이쳐 흐른다. 그 도도한 물결에 떠서 인간의 문명은, 역사는, 사회는 이곳에 이르렀다.

## 맷돌

맷돌은 한 짝만으로는 제구실을 하지 못한다. 두 개의 돌이 서로 마찰을 할 때 딱딱한 곡물은 부드러운 가루가 된다. 세대도 맷돌의 법칙을 모방한다. 기성세대는 고정되어 있는 맷돌짝이요, 젊은 세대는 그 위에서 끝없이 돌고 움직이는 또 한 짝의 맷돌이다. 그 마찰 속에서 문화는 우리가 먹을 수 있는 고운 가루가 된다.

### 고향

고향은 인간들의 전설이 모여 이룩된 영원히 지울 수 없는 한 장의 방명록이다.

### 상업

한국의 은자隱者들은 야박스러운 상업주의를 경원해왔다. 물질주의의 비인간성이나 각박한 생존 의식을 좋아하지 않았던 까닭이다. 하지만 상업을 소홀히 했던 탓으로 그만큼 그 사회는 폐쇄적인 것이 되었으며, 인간과 인간의 교통이 빈약한 것으로 되어버렸다. (…) 상인은 생산자와 소비자의 교량 역할만을 하는 것은 아니다. 모든 인간과 인간이 서로 어울리고 교섭하고 교통하는… 그리하여 공동의 광장을 마련해주는 발 디딤터가 되어준다. 여기에서 공중의 모럴이 싹튼다.

### 멋

규칙에 사로잡히고 격식에만 얽매여 있을 때 '멋'은 생겨나지 않는다. 차라리 그것은 '스타일'이라기보다 고정된 '스타일'을 파괴하는 순간에서 맛볼 수 있는 생의 진미라고 말할 수 있다. 형식의 가면에 은폐되어 있고, 규칙의 사슬에 얽매여 있는 생을 거부하고, 그리하여 그 안에 감추어진 사물의 진미를, 자유로운 맛을 추구하는 것, 그것이 바로

'멋'의 참뜻이라고 볼 수 있다.

### 신화
한 민족의 본적지는, 말하자면 그 정신의 고향은 그 민족이
만들어낸 신화 속에 있다. 그것은 현실을 꿈으로 옮기고,
또한 꿈을 현실로 옮겨놓은 한 민족의 영원한 마음이기
때문이다.

—

인간의 현실, 주어진 자연의 한계, 운명의 갈등.
이러한 것에서 오는 온갖 괴로움을 해소시킬 수 있고,
그것을 또 합리화하고 미화하며 영원화할 수 있는
이상한 어떤 에토스ethos의 세계를 창조해낸 것이
곧 신화라 해도 무방할 것입니다.

### 다스리다
분노를 웃음으로, 폭력의 칼부림을 춤으로 다스릴 수만
있다면 그는 세계를 다스리고 바꿔놓을 수 있는 자입니다.

### 설거지
불멸의 식욕을 만들어내는 요리술이 연금술이라면 설거지는
버릴 것과 씻을 것을 가려내는 심판이요, 판결이다.

### 문화유산

사실 문화재라고 하는 것은 역사의 찌꺼기나 마찬가지입니다. 우리가 찬란한 문화유산이라고 소중하게 여기는 것들은 알고 보면 불필요한 것들을 남긴 것에 불과해요.
사는 동안 그 순간에 충실하게 살면 찌꺼기가 남지 않아요. (…) 세계를 지배한 몽골이었지만, 몽골이 사라지고 난 뒤 초원의 바람만 남지요. 그게 위대한 문화입니다. 오늘날 몽골이 재평가받고 있는 것도 바로 이런 이유에서입니다. 그런 점으로 본다면 로마 문화는 반대로 가장 많이 남긴 문화지요. 그러나 새로운 천년의 문화는 언제고 뜯어 없앨 수 있는 문화가 될 것입니다. 후세에 무언가 남기겠다는 생각이 없어지는 문화지요. 그래야 살아남을 수 있어요.
남기지 않는다는 것은, 남기는 것에 애쓰지 않는다는 것은 현재에 가장 충실하게 산다는 의미입니다. 그래야 후대가 살 수 있고 그것이 바로 죽음의 생산성입니다.

### 미완

꿀벌은 처음부터 완벽하게 되어 있기 때문에 발전이라는 것이 없다. 즉 꿀벌은 되어가는 존재가 아니다. 그러나 인간은 미완이기 때문에 끝없이 새로운 자신을 만들어간다. 그것이 바로 문화이며 문명이다. 꿀벌은 언제나 육각형의 집밖에는

지을 줄 모르지만 사람들은 여러 가지 형태, 여러 가지 기능의
집을 짓는다. 시대마다 다르고 지역마다 다른 집이 되어간다.

## 이끼

정치, 경제처럼 딱딱한 현실(바위)에서 문화는 생명의 이끼다.
그러니 당신들은 이끼 같은 사람이 돼라. 문화 인프라란 말
대신에 우물가의 두레박이라고 하자. 인프라는 여러 사람이
공유하는 것인데, 우물가에 두레박 하나만 놔두면 여러
사람이 그거 하나로 물을 떠먹을 수 있다. 그러나 그게 없으면
사람마다 두레박을 가지고 다녀야 한다. 그러니 당신들은
우물가의 두레박이 돼라.

## 그래도

어느 시인이 한국에는 '그래도'라는 섬이 있다고 우겼습니다.
울릉도와 독도는 있어도 우리나라의 섬 3358개 중에
'그래도'라는 섬은 어느 곳에도 없습니다.
그런데도 시인은 말했습니다. 불행한 일이 있을 때
살기 힘들 때 절망을 할 때 자신의 꿈과 소망이 산산조각이
나도 새로운 긍정을 만드는 섬이 있다고 말이지요.
그것이 바로 '그래도'라는 섬입니다. '그래도'의 섬 안에서
우리는 쓰러지다가도 다시 일어나 앞을 향해 걸었습니다.
한국에 있다는 섬 '그래도'.

몇천 년을 두고 그래도 내 나라 그래도 내 고향
그래도 내 식구라고 말하며 살아온 한국인.
가난하고 어렵고 험한 역사 속에서도 '그래도'라는
섬 덕택에 시련을 이겨온 한국인.
절망이 앞을 가리고 외로움이 나를 가두어도
거센 폭풍이 불어와도 말하세요.
"그래도 나는 살아 있다."

# 14

# 물질: 현대인의 풍경

### 도시
천진난만한 아이의 시선이 필요해.
오늘의 문명은 거추장스럽고 물질과 돈뿐이야.
사람의 영혼과 눈빛은 점점 도시로부터 멀어져가지.
도시의 밤이 휘황찬란할수록
인간의 눈은 점점 그 빛을 잃어가.

### 현대인
현대인들은 사물과 직면하게 되면 누구나 조금씩 불안감을
느끼게 됩니다. 도구만 사용하면서 살아왔기 때문입니다.

—

현대인은 지금 외줄의 끈 위에 올라 있는 곡예사와도
같습니다. 한 발 잘못 디디면 몰락과 파멸의 심연으로
떨어지게 됩니다.

—

불안한 밤, 권태로운 밤, 쓸쓸한 밤, 고뇌에 가득 찬 밤…
낮에는 잊고 있었던 그 모든 생의 한숨이 어둠처럼 가슴속에
고이기 시작하면 옛날 사람들은 으레 영창映窓을 열어본다.
달이 떠 있다. 그렇지 않으면 무수한 별들이 어둠 속에서
흔들리는 수목의 가지들 틈에서 반짝인다. 그러나 현대인들은
밤의 침묵과 고통을 맛보기 전에 TV 채널을 돌린다.
그러면 거기 '대낮이 연장된 환한 광경'들이 열린다.

### 망각

내일 죽는다 해도 그것을 모르고 지내야만 기술(문명)을 자꾸
발전시켜나갈 것이 아닌가. 즉 기술문명사회에서 살고 있는
인간들은 죽음을 예기하지 못하는 맹목적인 그 세속의
생 속에 탐닉하고 있는 것이다. (…)
죽음을 망각한 인간은 기술지상주의자가 되어 의·식·주의
물질적 가치를 최대의 것으로 믿게 된다. 현대인이 바로
그러하다.

### 공장

농경문화가 갖는 특성 중 하나는 자기 생산물에 대한 애정이
있다는 것입니다. 콩을 심고 싹이 나오고 열매가 익어가는
과정을 봄으로써 애정이 깃들게 되는데, 공산품이라는 것은
그것을 생산하는 공장에서 일하는 사람조차 뭘 만드는지
모릅니다. 나사 죄는 사람은 온종일 나사만 죄고 죌 뿐이지요.
〈모던 타임스Modern Times〉라는 찰리 채플린Charlie Chaplin이
나오는 유명한 영화가 생각납니다. 온종일 공장에서 너트만
죕니다. 그것이 뭐하는 부속품인지도 몰라요.

### 휴머니즘

현대의 휴머니즘이란 인간의 패배를 절실하게 인식하고
모든 인간의 조건과 비극의 출처를 밝히기 위하여 직접

현실과 대결하려는 처절한 움직임이다.

### 반대어
'가족적' '동지적' '애국적'… 뜻이 점점 아름답고
넓어질수록 실은 희생의 요구만 커진다.
아름다운 말을 앞세워 남의 희생을 강요하고, 그렇게 자기
이익을 채우려는 편법 때문에 우리들의 사전은 누더기가
되었다. 아무래도 반대어 신사전이란 것이 출간되어야 할
판국이다.
조심하라. 간악하고 욕심 많은 사람일수록 군자의 언어를
훔쳐 쓴다는 것을. 도난당한 성인군자의 언어를.

### 흰빛
눈의 빛은 희다. 사람들이 제일 많이 상실해버린 빛이 바로
그 눈송이 같은 백색이다. 그것은 어린아이의 빛이며
탄생 이전에 있는 무無의 빛, 고향의 빛이다.
사람들은 하얀 종이를 그대로 두지 않는다. 무엇인가를 쓰고
그림을 그리고 색을 칠한다. 사람들은 텅 빈 것을 보면 불안을
느낀다. 그래서 흰빛을 죽여가면서 살고 있다.

### 집
옛날에는 집이 인간들의 사랑의 기점이고 하나의 창조를

이룩시키는 활주로였고, 또 모든 인간의 애정과 삶의 가치의
둥지라고 말해줄 수 있었는데, 언제부턴가 텅 빈 사막처럼
되어버렸습니다.

**비극**
놀이의 공간은 어린이들의 공간이며, 원초적인 상태에서
인간이 본래적으로 지니고 있던 순수한 존재의 장소다.
현대의 비극은 바로 그 무용의 공간, 그 공지空地의
죽음으로부터 비롯된다고 해도 지나친 말이 아닐 것이다.
현대인의 공통적인 좌절이라고 할 수 있다.

―

소포클레스가 비정한 무리를 향해 결코 자기가 무능자가
아니라는 것을, 노망한 한낱 늙은이가 아니라는 것을,
여전히 위대한 비극의 시인, 자기가 바로 소포클레스임을
증명해 보이는 방법은 단지 그의 시 자체일 뿐이다.
그래서 이 노시인은 그 당시에 집필 중이었던 비극,
「코로노스의 오이디푸스」라는 작품의 한 구절을 커다란
소리로 낭송했다는 것이다.
상상해보라. 그의 고향 코로노스의 아름다운 정경
―나이팅게일이 울고 황금색으로 빛나는 코로노스의 꽃들과
이슬을 머금은 수선화―저 빛나는 코로노스,
준마를 길러내는 코로노스, 바다의 정精 네레우스에

이끌려 가는 숱한 뱃사공을 낳은 코로노스—노시인의
입술에서 흘러나오는 그 극적인 시구가 법정으로 울려
퍼졌을 때, 그래도 사람들은 그를 가리켜 노망한 늙은이라고
불렀겠는가.

### 버튼

서양인들은 도처에서 '버튼'을 누른다. 그리하여 엘리베이터가,
냉장고, 세탁기가 그리고 모든 벨과 모든 기계들이
움직이고 있다. 그러나 어느 날 '버튼'으로 이룩된
그 사회와 문명은 역시 그 '버튼'에 의해서 멸망하게
될 것이다. 다만 단추 하나를 누르는 것으로 세계는 끝난다.
모든 것이 재로 변하고 만다. 유도탄의 '스위치 버튼' 말이다.

### 경쟁

스피드는 숫자로 잴 수가 있다. 스톱워치로 잴 수 있는
것이다. 그리고 정신적인 것보다는 물리적인 속도가 항상
이긴다. 그러니까 내면적인 경쟁에서 속도 경쟁으로 가는
것이다. (세상은) 천천히 살고 싶어도 숨차게 달리는 자만이
이길 수 있다고 부추긴다. 무슨 학문을 하든, 무슨 직업을
갖든 획일화된 경쟁 속에 뛰어들게 된다는 것이다.
즉 거북이는 거북이로 살지 못하고 자기 등껍질을 다 버리고
뛰는 연습을 해야 한다. 이것이 얼마나 비극적인 일인가.

## 콜라

'콜라'를 마실 때마다 나는 미국 문명이라는 것을
생각한다. 강철이 녹슨 것 같은 검붉은 색채부터가
이미 그렇다. 톡 쏘면서도 씁쓸한 맛, 그러면서도
실상 뒷맛의 여운이 전연 없는 그 맛에는
무엇인가 자본주의 문명이 갖는 게트림 같은
것이 있다. 거기에는 카우보이들이 텍사스의
푸른 초원을 달리는 듯한 삽상한 활기가 있다.
거기에는 또 시카고의 공장 굴뚝에서 뿜어내는
매연과 미시시피의 탁류와도 같은 매캐한 산문적인
그 특유의 맛이 섞여 있다. 부산하고도 공허한
미각이다.

### 돈

돈 자체는 악마도 천사도 아니다. 우리가 황금만능 사상, 마치 미다스Midas 왕처럼 꽃도, 귀여운 공주도, 마셔야 할 물까지도 모두 황금으로 바꿔버리는 그 비극에서 벗어나 다시 인간의 생활로 복귀하기 위해서는 이 말을 이렇게 바꿔놓아야만 할 것이다. "우리는 돈을 벌기 위해서 무엇인가를 하는 것이 아니라 무엇인가를 하기 위해서 돈을 버는 것이다"라고….

―

내가 돈의 주인이 되면 돈은 나의 최고의 협력자고, 하인이 되면 나는 최악의 인간이 되는 걸세.

―

돈은 덮어놓고 천한 것이라는 교육 때문에 우리는 도리어 정당하게 돈의 가치를 평가할 수 있는 능력을 잃어버렸다. 돈을 극복할 생각은 하지 않고 돈을, 그 현실을 외면하려고만 했다.

### 욕망

인간은 '기저귀'로부터 시작하여 '수의'로 끝난다고 하지만, 현대의 사회를 지배하고 있는 것은 '수의'가 배제된 '기저귀'만의 문화라고 할 수 있다. 기저귀 문화는 맹목적인 생의 욕망과 그 충족만을 위해 존재하는 것이다.

거기에는 기저귀를 찬 아이처럼 오직 '보채고' '빨고'
'배설'하기만 하는 욕망의 순환만이 가득하다.
근본적으로 그것은 입과 항문 사이의 문화인 것이다.

### GNP

"(…) GNP(국민총생산)는 가족의 건강, 교육의 질, 놀이의
즐거움을 포함하지 않는다. 시의 아름다움이나 결혼의 가치,
우리의 유머나 용기, 지혜와 가르침, 자비나 헌신을 측정하지
않는다. GNP는 삶을 가치 있게 만들어주는 것들을 제외한
모든 것을 측정한다."
(1968년, 로버트 케네디, 캔자스 대학교 연설 중에서)
숫자로 측정할 수 없는 것들, 그게 사랑이고 행복이고
우리들의 삶인데 불행하게도 나라를 평가하고
우리가 살아가는 것 모두를 숫자로 측정한다.
사랑하는 사람들과의 대화, 조용한 저녁에 산책하는 행복과
평화 같은 것들은 GNP 어디에도 들어가지 않는다.

### 필요악

사회가 바뀌려면 누군가가 나쁜 짓이라도 해야 한다. 가만히
있는데 사회가 바뀌지는 않는다. 자물쇠는 도둑에 의해서
발전했다. 도둑은 나쁘지만 자물쇠를 만드는 사람은
그 도둑 때문에 보다 나은 자물쇠를 만들어서 먹고살고,

그로 인해 더 완전한 기술들이 발전할 수 있었다.
세상에는 그 자체는 범죄지만, 그로 인해 약점이 발견되고
새로운 것을 지향하고 보완하며 끊임없이 바뀌는 것이 많다.
그런 것을 필요악이라고 한다.

### 사라지다

누가 일부러 왜곡하려 하지 않아도 우리는 지금 많은 정보의
왜곡 속에서 살기 때문에 정신을 바짝 차려야 한다.
그렇지 않으면 내가 행동하는 것이 아니라 남의 잘못된
정보에 의해서 행동하게 된다. 그러면 나는 사라지는 것이다.

### 친절

어디엔가 친절이 남아 있기는 하다. 그러나 그 친절을
받아들일 만한 마음은 아무 곳에도 없다.
이제 대가 없는 친절이란 의심과 경계를 살 뿐이다.
도리어 불안과 공포를 준다. 무상無償의 시대는 지나가고
말았다. 남에게 친절하지 않은 것이 도리어 친절이 되는
세상인 것이다.

### 곡선

도시 전체가, 세계 전체가 놀이의 공간을 상실해가고 있다.
길을 보라. 옛날의 길은 그 자체가 일종의 놀이 공간이라고

할 수 있었다. 이리 비틀 저리 비틀 유연한 곡선을 그려가며
꾸불꾸불 뻗어가고 있는 길은 직선적인 기능을 거부한 놀이의
공간을 우리에게 제공해주었다. 그것이 이제는 고속도로의
직선으로 바뀌어가면서, 사람이 멈추어 설 수 없고
주저앉아 쉴 수도 없으며 걸어 다닐 수도 없는
불모의 공간으로 바뀌게 된 것이다.

### 가난
현대인은 벌수록 가난해진다. 말하자면 10분의 5는 100분의
50과 똑같다. 소득이 욕망의 수를 따르지 못하기 때문에
수입이 늘어도 가난하다는 생각이 들 때가 더 많다.

### 상실
현대인은 무엇이든지, 심지어 행복도 냉장고나 세탁기처럼
사는 것이라는 습관이 몸에 배어 있습니다. 아무리 소중한
것이라도 거저 얻을 수 있는 것, 누구나 가질 수 있는 것은
값어치가 없다고 생각하는 버릇이 있어요. 그래서 정말 돈
없이도 얻을 수 있는, 그리고 누구나 당연히 가질 수 있는
꿈의 권리를 잃어가고 있지요. 그러니까 상실하고서도
상실했다는 느낌마저 들지 않아요.

―

힘을 잃고 노예로 전락해버린 삼손, 그것이 바로 현대인의

운명이라고 말하는 사람들이 있다. 인간은 힘을 잃었다.
종교의 힘, 개성의 힘, 사랑의 힘, 옛날 사람들은 무엇인가
인간의 힘을 믿고 있었다.
영웅의 시대였다. 대륙을 끊어 운하를 파듯이 생명의
운하를 파기 위해서 그들은 무엇에든 열중했었다. 그때는
인간이 삼손처럼 자신을 가지고 있었고 자기를 개척하는
세찬 행동력이 있었다.
그러나 영웅들은 공룡들처럼 화석만 남기고 소멸해버렸다.
이제는 머리 깎인 삼손만이 남아 평범하고 권태롭고 무기력한
나날 속에서 생활이라는 연자방아를 돌리고 있다.

### 텔레비전

텔레비전은 '건성건성' 사는 방법을 가르쳐주는
가정교사이기도 합니다. 현대인은 '건성건성 지내는 것'이
날로 심해지는 것 같아요. 그런 면에서 텔레비전은 정말
상징적이에요. 텔레비전을 보면서 뜨개질도 하고,
텔레비전을 보다가 대문도 열어주고, 심지어 애들은
만화책을 읽거나 숙제를 하면서도 텔레비전을 켜놓지요.
어느 하나에 몰두하지 않고 이렇게 사방에 주의를
흩어놓고 살아가는 '건성건성의 삶', 이것이 텔레비전형
인간의 특성입니다.

## 일

현대인의 위기는 일할 때가 아니라 일을 멈출 때
생긴다. 자기가 자기에게로 돌아오는 그 시간인
것이다. 퇴근 시간이 되면 우리는 회사의 의자에서,
서류에서 놓여난다. 우리를 붙들고 있던 것들,
끝없이 명령하던 것들이 멈추게 되는 것이다.
기계는, 모든 도구는 사용하지 않을 때에는
자동적으로 재빨리 사물성을 회복한다.
그러기 때문에 방패나 칼은 싸울 때에만 무기일 뿐,
평화로울 때에는 조각과 마찬가지로 벽의
장식물이 되는 것이다.
그러나 인간은 인간의 일이 끝난다 해도 도구적
존재로부터 곧 인간성이 회복되는 것이 아니다.
대부분의 사람들이 일터에서 벗어나면 술을
마시거나 유흥장을 기웃거리거나 어두운
골목길에서 서성대고 있다. 자신의 자아와
만나는 것이 두렵기 때문이다.

### 신화성

한 기업이 만들어내는 상품에도 신화성이 있어야 되는 시대입니다. 즉 '답다'라는 신화를 만들어내는 것이지요. 한 상품이나 그것을 만들어낸 기업의 개성이라고 하는 것은 말로는 표현하기 어려워도 시각이나 청각 혹은 그 모양을 통해서 쉽게 '답다'는 인상을 만들어내게 됩니다. 어쩐지 그 회사 제품 같은 냄새가 난다는 인상은 브랜드 지향의 어떤 신화성을 만들어내지요. 그것을 구매하거나 소유한 사람들은 상품이나 물질이 아니라 분위기와 가치를 공유하는 일종의 신화성을 구하는 것이지요.

### 노왓 know what

기업이 노왓을 지닐 때 그 기업은 세속의 경건한 사원寺院이 되고 그 제품은 예술품이 되며 그것을 만드는 사람들은 교향악단의 연주자처럼 될 것입니다. 산업 시대의 이상적인 기업은 사람들에게 이익과 편리함을 제공하는 곳이었지만 후기 산업 시대의 기업은 즐거움과 감동을 주는 데 그 특성을 갖게 될 것입니다.

### 치수

원래 사람의 허리는 재는 것이 아니다. 인체의 허리는 밥 먹었을 때 다르고 굶었을 때 다르며 건강할 때와 병을 앓고

있을 때가 모두 다르다. 아무리 치수를 정확하게 재어 만든
옷이라도 사람의 몸은 콘크리트 건축물이 아니기 때문에
수시로 변할 수밖에 없다. 살아 있는 것의 몸을 잰다는 것은
흐르는 물에 표를 해놓고 떨어진 칼을 찾으려는 것처럼
어리석은 일이다. 생명체를 어떻게 자로 잴 수 있단 말인가.

### 황금
만약에 황금이 나뭇가지에서 열리는 열매였다면 아무리 같은
원소, 같은 빛을 하고 있어도 이미 황금이라고는 할 수 없을
것이다. 황금은 캐내었을 때만이 황금이 된다.

### 단절
통조림을 발명하는 데는 3년밖에 걸리지 않았는데 막상
그 통조림을 따는 깡통 따개(캔 오프너)를 만들어내는 데는
60년이나 걸렸습니다. 이는 서구 산업주의의 맹점을 보여주는
예입니다. 통조림의 원리를 창시한 사람은 그 원리 자체만을
중시하고 그것을 사용하는 사람의 불편 같은 것은 생각하지
않았던 것입니다. 산업 시대의 불인不仁이란 바로 생산자와
소비자의 단절을 의미하는 것이라고 할 수 있습니다.

### 정보
홍수를 이루고 있는 어마어마한 정보의 값어치를 아는 사람은

드뭅니다. 쓸데없는 정보까지 넘쳐나는 바람에 익사할
지경입니다. 노아의 방주처럼 꼭 필요한 것만을 담아
그 넘쳐나는 정보의 홍수 속을 빠져나오는 지혜가 필요합니다.

### 개혁

개혁의 시간을 어디에 두느냐로 그 개혁의 언어가 달라진다.
과거에 두면 사정 위주의 것이 되어서 사법부와 같은 일을
하게 된다. 그리고 그 시간을 미래에 두면 이상적인
통일론처럼 현실에서 멀어진 예언의 언어가 되기 쉽다.
일차적으로 행정부가 맡아서 할 개혁의 언어는 '지금'
'여기'에 있는 문제들이다. 과거에 일어났던 일보다 그리고
앞으로 일어나게 될 역사보다도 오늘 속에서 관찰하고
선택하고 실천하는 것이 필요하다.

### 정치가

정치가를 배우에 비유하는 경우가 많다. 끝없이 대중의
인기를 끌어야 한다거나, 마음에 없어도 때로는 대본에 따라
충실한 연기를 해야 한다거나, 그 비교의 축은 이루 헤아릴
수가 없다. 그러나 진정한 영웅이 없는 시대, 진정한 파멸이
없는 한국의 정치 풍토에서 정치가는 단지 배俳일 뿐 우優는
아니다.

## 속도

우리는 빨리 가고 싶은데도 남이 가로막고
있으면 서 있어야 하고, 또 거꾸로 서 있고
싶은데도 남들이 다 걸으면 할 수 없이 바쁘지도
않은데 함께 밀려가야 한다. 개인의 속도와
사회의 속도가 맞지 않을 뿐만 아니라 그 속도
자체가 획일화되어 있어, 속담대로 말이 한번
미치면 개도 소도 다 뛰게 마련이다. (…)
감정의 속도만 빨라지고, 막상 빨라져야 하는
사회의 기능적인 속도는 어디에선가 낮잠을 자고
있는 것이다.

### 인권

사실 도덕적인 선언문이나 법제화된 인권 조례에서 밝혀진 인권유린은 그렇게 두려운 것이 아닙니다. 누구나가 그것이 부당하다는 것을 알고 있고 그것을 해소시키려고 하는 기미가 보이고 있는 까닭입니다. 우리가 정말 두려워할 것은 차이를 통해서만 사물을 식별할 수 있는 의미 체계, 그 속에 숨어 있는 인권 문제입니다. 이항 대립binary opposition 구조의 문화 속에서 침해당하고 있으면서도 침해되고 있는 것조차 모르고 지내는 우리의 행동 말입니다.

모든 것을 오른쪽, 왼쪽으로 가르고 그 차이와 대립 관계로 사물을 인식하고 판단합니다. 이러한 이항 대립의 사회 구조 속에서 우리는 자신도 모르게 자기와 다른 인간을 차별하고 억압하고 배제하는 데 익숙해져 있습니다.

### 농부

농부는 평화를 사랑하는 것이 아니라 싸움에 지쳐 있기 때문에 평화롭게 보일 따름이다.

### 달걀

현대인들은 닭이 우느냐 울지 않느냐 하는 것보다는 달걀을 낳느냐 못 낳느냐에 더 관심이 크다.

### 서재
여러분, '책 속에 길이 있다'는 표어가 있습니다만
그 길이 무슨 길인 줄 아십니까? 야만인들이 활개를 치는
이 사회에서는 책 속에 있는 길은 곧 가난의 길이요,
눈물의 길이요, 굴욕의 길이요, 패배의 길입니다.
책을 안 읽어야 도리어 잘 살 수 있는 이런 현실 속에서
여러분! 나는 여러분들에게 책을 읽으라고 도저히… 도저히
권장할 자신이 없습니다. 나는 차라리 그런 것보다는
파우스트의 서재에 침입하여 그를 바깥세상으로 끌어낸
'메피스토펠레스' 같은 악마 역할을 맡겠습니다.

### 부르주아
부르주아는 지방분으로 인생을 생각하고, 돈으로 사랑하고,
배로 느끼고, 폐부와 심장으로는 숨만 쉬는 사람이다.

### 부엌
현대의 부엌은 꼭 전기 상회 같다. 전기 냉장고, 전기 믹서,
전기 오븐, 전기 솥… 부엌은 이제 장작불을 먹는 것이 아니라
돈을 먹기 시작했다.

### 기업인
기업이라고 할 때 한자의 기企 자는 사람 인人 밑에 멈출 지止

자를 받쳐 쓴 글자입니다. 사람이 자기 갈 길을 찾기 위해서
발뒤꿈치를 들어 멀리 앞을 내다보고 있는 것으로, 앞일을
생각하고 꾀한다는 뜻을 나타내고 있습니다. 이렇게 한자
뜻대로 하면 기업인이란 그저 바쁘게만 뛰어다니는
사람이 아니라 수시로 멈춰 서서 자기의 갈 길을
선택하고 판단하는 사람, 남보다 많이 생각하는 사람인
것입니다.

### 직선
피라미드와 같은 직선은 인위적인 것을 따라 그 위력을
발휘한다. 강하를 가로지르는 다리, 차가 달리는 도로와
철로, 성냥갑 같은 정방형의 빌딩, 전신주와 공장의 굴뚝,
그리고 바둑판처럼 늘어선 현대의 도시 전체가 직선과
직선으로 결합되어 있다.

### 사막
메마른 사막에서 자라나는 선인장은 이파리를 가시로
만들었다. 인간도 마찬가지다. 메마른 사회에서는 누구나
윤택한 잎을 상실하고 날카로운 가시를 지닌다.

### 이타주의
우리는 큰 회사를 경영하여 성공을 거둔 기업가들이 몇 명

안 되는 가족을 경영하는 데는 실패자가 되는 경우를
수없이 보아왔다. 하루 여덟 시간만 근무하면 되는 곳이
회사라면 24시간 온종일 근무하고 있는 곳이 가정이라고
할 수 있다. 한마디로 이기주의보다 이타주의가 얼마나
어렵고 소중한가를 우리는 그 가족의 애정을 통해서
배우게 된다. 가정의 붕괴 현상은 바로 그 애정과
이타주의의 붕괴이다.

### 상품

백화점에서는 원산지가 꼭 동물원처럼 구별이 안 돼.
서로 다른 지역에서 만들어진 것들, 의상이고 아동복이고
다 추상적으로 분류해서 한군데 모아놓은 거지. 그게 바로
공산품의 특징이야. 그런데 농산물도 마찬가지로 각지에서
만들어진 것들이 그 지역성과 관계없이 도시에 와서 함께
섞여 있는 거야. 슈퍼에 가봐, 거기 자연이 있는가.
오이는 비뚤어진 것이 자연스러운 것이지. 그런데 요즘엔
반듯한 오이가 아니면 상품 가치를 잃어. 특히 미국이나
일본이 심해. 규격이 똑같아야 값도 똑같이 매길 수 있기
때문이야. 그게 어디 농산물이야? 공산품이지. 생물은 원래
불규칙한 것인데 그래서 자연은 직선을 싫어한다고 했는데,
슈퍼에서는 그 반대야.

—

현대의 상품은 쉬 물리고 쉬 부서지도록 고안돼 있는 것이 특징이다. 현대의 인간관계 그대로이다. 우리는 우리의 할머니들이 시집올 때 혼수로 가지고 온 장롱이 어떤 것인가를 잘 알고 있다. 그 장롱은 사람보다도 오래 남아 여러 대를 거치며 손때가 묻고 있다. 역사처럼 거기에는 인간의 정이 배어 있고 믿음과 그리움이 같이 젖어 있다.

### 비행기

비행기의 메커니즘은 그 속도와 소음, 그 불안 그리고 그 평범한 능률주의 일변도로 하여 단연코 현대를 상징하는 존재라고 할 수 있다. 뿐만 아니라 비행기가 인간의 경험을 간접화하고 비약적으로 직선화한다는 면에 있어서는 어쩌면 현대사회와 그렇게 똑같은 것일까!
나는 현해탄을 알지 못한 채 동경에 도착하였다. 태평양의 파도를 모른 채로 홍콩을 보았으며, 아라비아의 사막이 어떠한지를 경험하지 않고 이스탄불의 모스크를 감상했다. 그 사이는 흰 구름과 푸른 하늘의 백지로 생략된 셈이다.

### 방관자

텔레비전 앞에 앉아 있는 사람들은 전부가 나그네라는 이야기가 있다. 왜냐하면 그 화면 속에서 일어나고 있는 것은 전연 자신과는 관계가 없기 때문이다. 아니할 말로 보기

싫으면 끄면 된다. 싸우고 사랑하고 굶주리고 별의별
드라마가 생겨도 텔레비전의 시청자들은 그 현실에 대하여
방관자나 다름없다. 하룻밤 자고 내일 떠나면 되는 사람처럼
그 프로그램 시간만 지나면 자신은 그 현장에 없다.
영상 시대란 다름 아닌 방관자들의 나그네 시대를 의미하는
것인지도 모른다.

### 뜸

뜸 들이는 그 시간은 생산하는 시간도 소비하는 시간도
아니다. 그래서 어리석은 사람들은 그것을 한낱 낭비로 보고,
지나치게 용감한 사람들은 비겁자의 주저로밖에 생각하지
않는다. 신한국인들이 뜸 들이는 시간의 소중함을 알 때
비로소 한을 풀 수 있는 성숙한 문화를 만들 수 있을 것이다.

### 대중사회

메가mega란 말은 어떤 단위의 백만 배를 의미하는 기호다.
대중사회의 인간들은 바로 이 메가 속에서 산다. 옛날 사회는
한 개인이 그 구성 단위였지만 메가톤, 메가사이클,
메가데스란 말처럼 이제는 메가(백만 명)가 그 한 단위를
이루고 있는 셈이다. 이러한 대중사회에 있어서 나의 존재를,
그 개성을 드러낸다는 것은 곧 폭력이며 자살이다.
자기표현이 대對사회적으로 나타난 것이 폭력이고

자기 내부로 향한 것이 자살인 것이다.

―

대중사회가 되면 무엇이든 남들이 하는 일을 따라 하게 되지요. 주변 사람들의 눈치를 보며 군중 속에 매몰되어 살아가지요. 사회가 도시화되고 문화가 대중화되면서 사회는 규격화되고 문화는 획일적으로 변화했지요. 그러니 사람들은 많은 사람들 속에서 제 자신을 찾지 못하고 삶의 양식이나 가치에서마저도 쏠림 현상에 휩쓸려요. 유행을 따르고, 광고 선전이나 뜬소문 같은 여론에 의해 제정신을 차릴 수 없게 되는 겁니다. 결국 우리들은 정말 자신이 원하는 삶이 무엇인지도 모르고 '고독한 군중' 속으로 들어가고 맙니다.

### 아날로그
전쟁터에서 칼로 적을 죽인 사람과 활로 쏘아 죽인 사람은 느낌이 다를 거 아냐? 그런데 그게 활이 아니라 더 멀리 떨어져서 사람을 죽이는 미사일이라고 생각해봐요. 사람을 죽였다는 실감이 나겠어? 그래도 잘 모르겠으면 캐나다에서 대학 강의실에 들어와 여학생들을 모아놓고 쏘아 죽였던 그 유명한 사건을 놓고 생각해보자고. 총으로 수많은 학생을 죽여놓고도 태연하기만 했던 그 범인이 막상 저항하는 한 여학생을 칼로 찔렀을 때는 당황한 나머지 결국 자살하고 말아. 총을 쏠 때는 컴퓨터 게임을 하는 느낌과 별 다를 게

없었던 그 범인도 타인의 몸을 칼로 직접 찌르는 순간,
'이것이 살인이구나'라는 아날로그 감각이 되살아난 거지.

### 세기말

세기말의 암울한 계절은 위독한 하나의 질환과도
같은 것이다. 혹은 하나의 '검은 음악'과도 같다. (…) 폐허의
동굴 속에서 울려오는 그 검은 음악, 황혼의 매력과도
같이 모든 사람들의 마음을 적시고 멍들게 한 그 불신의
검은 음악 그것은 바로 거대한 운명의 함정 속에 빠져 신도,
과학도, 도덕도 그리고 재생의 희망마저도 불신했던
세기말적 인간이 사슬에 묶여 절그렁거리던
그 음향이다. 세기말의 인간들은 썩어가는 영혼을 질척한
인공의 향수(쾌락)로 적셔보려 했지만 도리어 그 유독한
향수 속에서 익사하고 만 것이다. 이렇게 해서
19세기는 대체로 끝났다. 하나의 세기는 가도 또 하나의
세기는 온 것이다.
그리하여 절망의 진구렁으로부터, 그 문명의 분열로부터
필사의 투쟁이 생겨나고 있다. 부패한 웅덩이에서 온갖
새로운 생물들이 생겨나듯이, 혹은 썩어버린 과육 속에서
잠자고 있던 생명의 씨가 눈을 뜨듯이, 세기말의 그
퇴폐야말로 금세기의 새로운 인간을 탄생시키는 온상이
되었다. 거름은 언제나 썩은 것이다. 구세기의 합리주의가

썩은 것에 빠진 세기말적 인간들이며, 이 부패한 인간들을
거름으로 하여 새싹이 터 난 것이 세기 초의 인간들이다.
세기말의 부식한 영혼에서, 그 침울하고 불길한 검은 음악의
선율에서 또 하나 다른 낭랑한 새로운 음악이 음모처럼
서서히 창조되어가고 있었던 것을 우리는 본다.

### 라이벌

라이벌이란 말은 강을 의미하는 '리버river'에서 온 말이라고
한다. 말하자면 같은 냇물을 마시고 사는 사람이 '라이벌rival'
인 것이다. '에너미enemy'와는 달리 이 이웃의 경쟁자인
라이벌은 서로서로를 발전시키는 원동력이 된다. 따라서
라이벌이 쓰러지면 자신도 쓰러지고 만다.

### 광고

상품 광고는 백 마디 말을 해도 결국은 자기 것을 사달라는
그 한마디 말에 요점이 있다. 직접이든 간접이든 자기야말로
최고 최선이요, 다른 것은 다 최저 최악이라고 외치는 웅변
대회이다.
즉 광고의 윤리관은 단 하나이다. '오직 자기만을 내세워라'
'남 앞에서 자기를 과시하라' 부끄러움 없이 자기를 내세우는
두꺼운 얼굴, 이것이 광고 시대의 인간상이다.

**어기여**

사람들은 기계와 함께 일하면서 일과 일 사이에
삽입되는 멈춤의 '어기여'를 잃고 '차'만을
외친다. 이것이 성장하지 않으면 죽는 줄 아는
산업자본주의, 한시도 멈추지 않고 이자를 낳고
무는 금융자본주의의 속성이다.
남들이 200년 걸려서 쌓아온 산업화를 불과
20년 만에 해치운 한국인들에게 무엇보다
필요한 것이 '어기여차'의 그 잃어버린 호흡이다.
'어기여'를 뺀 '차, 차, 차'만 가지고는 숨이 차다.

### 전쟁

매일 아침저녁 출퇴근을 하고 있는 사람들을 보면 총성과
피만 흐르지 않는다 뿐이지 전투 장면과 다를 게 없다.
그래서 어느새 교통난이 교통 전쟁으로 입시 경쟁이 입시
전쟁으로 슬며시 탈바꿈을 하고 있다. 기업에도 군사
용어의 새치기가 많다. 경제 전쟁이라는 말을 필두로
판매 전략이라는 말까지 말끝마다 전략 자를 붙이는 말들이
늘어가고 있다.

### 전파

책에는 고전이 있지만 전파에는 오직 오늘만이 있다.
라디오와 TV에서 떠드는 이야기들은 현재의 고전일 뿐이다.
보관하는 습속, 기억하는 습속, 옛날과 오늘을 이어가는
종적인 그 정신을 전파는 불사르고 있다.

### 공해

인간은 자연으로부터 태어난 것이다. 그 문화·문명도
다 같이 자연에서 가져온 것이다. 인간을 자식이라고 한다면
자연은 그 자식을 낳고 기른 어버이와 다름없다. 그러나
그 근원을 망각하고 도리어 자연을 학대하고 파괴했다.
그리고 그 불효에서 저질러진 벌이 공해라고 할 수 있다.

### 밤

낮과는 달리 밤의 소리는 침묵의 소리이다. 두견새의
울음소리는 귀로 보는 달빛이며, 이화이며, 기울어가는
은하이다. 시각과 청각이 어울리고 빛과 어둠이 포옹하며
영혼과 사물이 같이 융합하는 세계, 이것이
밤의 풍경이며 밤의 체험이다.
그것을 이조년은 '다정의 세계'라고 부른다. 밤의 암흑이
'필요한 암흑'인 것처럼, 이 '다정이라는 병' 또한 이 생에
있어서는 '필요한 병'이다.
TV가 밤을 죽였다는 것은 바로 인간이 지니고 있던 그
'다정의 세계'를 죽였다는 이야기다.

### 영웅

영웅들은 그 최후로써, 말하자면 멸망으로써 자기 자신을
증명한다. "희극의 주인공에는 영웅이란 없다. 오직 영웅만이
비극의 주인공이 될 수 있다"는 말이 생각난다. 영웅이 없는
것이 아니라 멸망할 것이 두려워 영웅이 되지 않는 세상이다.

### 권력자

독재자는 그래도 자기에게 저항하는 세력이 많다는 것을 알고
선심이나 유화 정책을 쓰지만, 독선적인 권력자는 모든
사람이 자기를 존경하고 따른다고 믿는다. 그리고 자신에게는

절대로 과오가 없다고 생각하기에 언제나 잘못은 악이요,
불의인 비판자 쪽에 있다고 생각한다.

### 좌우지간

학문 분야에서는 생물학과 화학, 물리학과 생물학 어느
하나로 쪼갤 수 없는 새 첨단 분야들이 나타나는가 하면
미디어의 세계에서는 문자와 음향과 영상이 두루 하나로
뭉쳐버리는 멀티미디어의 사회가 오고 있다. 그리고
텔레비전도 신문도 레코드도 책도 아닌 뉴미디어들이
등장하고 있다. 좌나 우로 딱 부러지게 하나로 결정짓지
못하는 이 시대를 살아가자면 좌우지간의 정신이 '예스'
아니면 '노'밖에 모르는 데카르트의 정신보다 윗자리에 선다.

### 미담

미담이 없는 사회가 좋은 사회라는 역설이 있다.
왜냐하면 미담은 언제나 불행한 사태가 일어날 때 생겨나는
것이기 때문이다.

### 승리

전쟁은 상대방을 섬멸시킬 때 승리를 거둔다. 그러나 정치나
기업은 상대방을 없애는 것이 아니라 협상을 통해서 완전한
승리를 얻는다.

### 굴뚝

산업혁명은 결정적으로 경제 발전을 가져왔지만
자연 생태계에는 치명적인 파괴를 불러왔다.
공장 굴뚝은 경제적인 측면에서는 번영의 탑이요,
자연환경 면에서는 죽음의 탑이다. 암이
사회문제로 등장하기 시작한 것도 그 굴뚝
때문이다. 런던의 굴뚝 청소부들은 거의가 다
이 암의 발생으로 죽어갔던 것이다.
그러므로 이 두 말은 거의 양립 불가능한 물과
기름이다. 경제가 발전하려면 생태계가 파괴되고
생태계를 유지하려면 경제가 파탄을 일으킨다.

### 동요

동요는 아이들이 부를 때보다 어른들이 부를 때 더욱
그 의미가 확실하다.

―

동요가 말살되는 시대! 동요의 종말 속에서 인간은
종말해가리라.

### 마약

마약은 양귀비꽃 속에만 숨어 있는 것이 아니다.
거짓된 방법으로 자기 행복을 추구하려는 그 모든 것이
바로 마약인 까닭이다.

### 고독

드럼통, 그것은 현대 문명의 상징이다. 비행장 부근,
공장 지대, 병영, 항구… 어디를 가나 우리는 드럼통과 만난다.
녹슬고 찌그러지고 기름때 묻은 채 산적해 있는 문명의
공지에는 현대의 고독이 있다.

### 여가

농경 사회에서는 삼여三餘의 경우처럼 대자연의 섭리에 따라
일하고 놀았다. 여가는 하늘이 내린 것으로 머슴에게도 그
혜택을 누릴 기회와 권리가 주어진다. 하지만 그것이 공장

노동으로 바뀌게 되고 에디슨의 백열전등 발명으로 밤낮의
구분이 없어진 산업 시대가 되면서 여가는 자연 상태가 아니라
인간의 의지와 사회제도에 의해 결정되게 된 것이다.

### 불량품
일정한 틀 속에서 찍혀 나오는 벽돌들은 수천수만 개라
할지라도 그 모양과 규격이 하나같이 똑같다. '문명의 돌'은
'자연의 돌'과는 정반대로 규격이 맞지 않으면 그 존재의
의미를 박탈당하고 만다. 말하자면 '불량품'이 되고 마는
것이다.

### 양쪽
정보의 홍수에서 방주를 만드는 방법은 정보의 줄기와 뿌리를
찾는 것이다. 지금까지 우리가 정보라고 하는 것은 다
이파리들이었다. 이파리를 보고 '가을이 됐구나, 무성하구나'
라고 했던 것이다. 하지만 이파리에 숨겨져 있는 줄기와
뿌리를 찾아야 한다. (…) 부정을 봤으면 반드시 긍정도 보고
양쪽을 다 봐야지, 한쪽만 보면 안 된다.

### 지도자
아이가 울 때, 호랑이가 온다고 협박하거나 곶감을 준다고
달래서는 안 될 일이다. 협박과 회유가 아닌 울음의 원인

파악이 우선시되어야 한다. 협박을 하면 독재가 되는 것이고
곶감을 준다고 하면 포퓰리즘이 되는 것이다. 무엇을 원하고,
왜 불평을 하는지를 먼저 찾아야 한다. 호랑이로 겁박하고
곶감으로 달래면 좋은 지도자가 될 수 없다.
채찍과 당근만 쓰는 지도자는 가장 나쁜 지도자다.

### 고정관념
우리 사회에서는 집단이 생기면 반드시 편견과 고정관념이
생기고 그것이 색깔 논쟁으로까지 번진다.
이 세상을 흑과 백으로 유형화하고 흑이면 악, 백이면 선으로
단정 짓는다. 이런 흑백논리가 우리들에게 고정관념을
만든 것이다.
과연 그것이 옳은 것인가. 과연 그것은 우리들에게 필요한
것인가. 특히 정치, 경제, 사회에서는 진실이 아니라 편견과
고정관념들을 보도하고 있다. 우리는 이러한 고정관념에서
벗어나야만 한다.

### 형용사
원시시대에는 실체만 있고 형용사는 없었다. 그러나 거꾸로
실체는 사라지고 형용사만이 남아 있는 시대, 그것이 바로
우리가 처해 있는 시대의 운명이다.

### 인간소외

새 기계가 나올수록, 인간은 몸을 덜 움직이게 된다.
게으르게 만드는 것이다. 그러나 게으르기 위해서는
새 기계를 자꾸 만들어야 하므로 부지런히 애를 써야 한다.
본래의 목적에서 벗어나 엉뚱한 샛길에서 인간은 새 고생을
한다. 이것이 소위 소외 현상이라는 것이다.

# 15

## 정신: 자기 생을 찾는 빛

### 정신
사람의 정신은 그 무엇도 따를 수 없을 만큼 큰 힘을
발휘하지. 어떻게 마음먹느냐에 따라 인생이 바뀔 수 있고,
심지어는 사람을 살리고 죽일 수도 있어.
네 정신의 힘을 믿어봐. 네 자신과 세상을 변화시킬 수 있는
힘이 거기에 있어.

### 눈빛
눈빛이 죽은 사람은 자기 생을 찾을 수 없어요.

### 완성
사람은 완성된 채로 태어나는 게 아니라 완성되어가는 거란다.

### 주민등록
주민등록증은 생년월일로 되어 있습니다. 주민등록은
정부가 준 거 아니에요. 주민등록 앞에 숫자는 내가 선택한
숫자예요. 자랑스럽지 않아요? 아무것도 모르는 어린아이가
뱃속에서 나갈 날짜를 스스로 선택해서 나간 거예요.
어머니 아버지 간섭도 안 받고 순수하게 이 정도면 나갈 때가
됐다 해서 달력도 없고 학원도 안 다닌 아이들이 정확한 날짜에
세상으로 나오는 이 엄청난 모험을 자기가 선택해서
목숨 걸고 나오는 겁니다.

### 제자리
세상 만물은 어떤 것도 좋고, 나쁘고, 이롭고, 해롭다고 말할 수 없어. 저마다 제자리가 있어서 거기에 맞게 살아가는 것이지. (…) 아무리 하찮아 보이는 것들도 살아가는 정당한 이유가 있는 거야. 그래서 조물주는 아주 작은 것들 하나하나한테도 그에 걸맞는 재능을 주어 살아갈 수 있게 해주었지.

### 1등
같은 방향으로 뛰면 1등은 하나밖에 없습니다.
그러나 동서남북으로 뛰면 네 사람이 1등을 하고,
360도 방향으로 각자 달리면 360명이 모두 1등을 하지요.

### 절대
인간은 신이 아니야. 인간에게 절대란 것은 없어. 그러니까 항상 자기가 백 퍼센트 옳다고만 생각하면 안 돼. 자기 말만 절대적으로 옳다면 그렇지 않다고 생각하는 사람을 싸워 물리쳐서 자기 의견만 내세우면 그만이겠지. 하지만 인간은 누구도 완벽할 수 없어.

### 항로
배가 낡고 돛대가 부러져도 수선하면 됩니다. 그러나 배가 가는 항로가 틀리면 아무리 호화로운 여객선이라고 해도,

선원들이 아무리 열심히 해도 암초로 향해 가면 끝입니다.
배는 좌우로 흔들리며 앞으로 나아가지만 그것은 두려운 것이
아닙니다. 항로가 문제입니다.

### 관계
우리는 순환 구조로 되어 있고 실체론이 아니라 관계론입니다.
(…) 우리가 동남아시아 간다고 하는데 비행기 타고 동남쪽으로
가면 동남아시아 안 나옵니다. 엉뚱한 타이티섬이 나옵니다.
누구를 기준으로 해서 동남아라고 말하느냐 이거죠. 이렇게
절대적인 방향이라는 건 존재하지 않습니다. 나와의 관계가
방향이지 방향이라는 게 존재하는 것은 아닙니다.

### 필요
목숨이 있든 없든 이 세상에 존재하는 것 가운데 필요 없는
것은 없어. 모든 것은 알지 못하는 사이에 서로 도움을
주고받으면서 살아간단다.

### 짝
빛이 있으면 반드시 그림자가 있는 것처럼 이 세상의 모든 것은
다 이렇게 짝을 이루고 있어. 숨을 한번 쉬어봐. 들이마시고
내쉬는 것이 함께 이루어져야 숨을 쉴 수 있지. 계속
들이마시거나 계속 내쉬기만 하면 제대로 숨을 쉴 수가 없어.

**유용성**

인간이 만든 것에는 모두 의미가 있다.
하지만 의미 없는 것을 만든다는 그 자체가 엄청난
의미를 갖는다는 것을 인공위성과 에펠탑이
보여주었다.
어린아이를 낳는다. 그 유용성은 무엇인가?
에펠Gustave Eiffel의 옹색한 변명처럼 수십 수천 가지
이유를 들 것이다. 하지만 우리가 아이를 갖고자
하는 것은 어떤 구체적 의미를 위해서가 아니다.
그러기에 인간은 유용성을 넘어선 엄청난 의미를
갖고 있는 것이다.

### 맞아떨어지다

죽어 있는 것은 변화가 없지만, 살아 있는 사람의 몸과 행동, 생각은 기계처럼 딱딱 맞아떨어질 수가 없어. 생각해봐. 세상 사는 일이 단춧구멍에 단추를 끼우듯 언제나 꼭꼭 맞아떨어지겠니.

### 답

인생은 수능 시험이 아니에요. 채점자가 따로 있는 게 아니에요. 여러분이 문제를 내고 여러분이 바로 그 답을 내야 해요. 그 답은 다른 누구도 아닌 여러분밖에는 알 수 없어요.

### 책임

'책임'이라는 말을 영어로 리스판서빌리티responsibility라고 하지요. '대답하다'는 뜻의 리스판스response와 '능력'이란 뜻의 어빌리티ability가 결합된 말이지요. 결국 내 인생에 책임을 지려면 나는 내 인생에 대해 대답할 수 있어야 합니다.

### 진리

돌이켜보면 진리는 (이렇게) 평범하고 별 볼일 없어 보일 때가 많아. 왠지 거창하고 눈부신 것들은 당장 보기에는 화려하지만 곧 거품처럼 사그라들곤 하거든.

### 망각

희랍 사람들은 진실의 반대말을 허위가 아니라 망각이라고
했다.

### 치매

선거 때만 되면 노인을 폄하하는 젊은 정치인들의 수가 늘고
있습니다. 노인성 치매와 달리 청년성 치매는 자기도 곧
아버지처럼 늙게 된다는 뻔한 사실을 잊어버릴 때 발생하는
병이지요.

### 외로움

노인들은 배가 고파서가 아니라 외로워서 죽습니다.
이 외로움과 소외의 문제야말로 21세기의 문제일 것입니다.

### 부富

옛날에는 산업기술과 자원이 그 나라의 부를 창출했지만
이제는 춤추고 눈물 흘리고 감동하는 마음의 자본주의, 그렇게
인간을 즐겁게 해주는 힘이 부를 창출하는 것입니다.

### 플레이

플레이play가 워크work가 되는 게 가장 행복한 삶입니다.

### 삼년상

동물 중에서 가장 미숙한 채로 태어나는 것이
바로 인간이에요. 다른 짐승들은 태어나자마자
걸어 다니고 스스로 먹이를 구하죠. 하지만
인간은 태어나서 일 년이 지나도 겨우 일어서서
걸음마를 배울 정도입니다. 최소 삼 년이 지나야
부모 곁을 떠나 혼자서 숟가락질을 하고
대소변을 가립니다. 우리는 이 세상에 태어나
삼 년 동안 한시도 부모의 눈에서 떨어져서는
살 수 없었던 거죠. 그러므로 효의 윤리가
아니라도 삼 년 동안 절대적인 도움을 받은
부모의 사랑을 삼 년 복상으로 갚는 것은 당연한
것으로 생각됩니다.
매사를 '기브 앤 테이크give and take'의 거래로
계산하는 오늘의 상업주의적 시각으로 봐도
합리적인 논리일 것입니다.

### 인간상

농업사회는 가족이 생산하는 단위였다. 산업사회에 들어가면서 (가족은) 소비의 단위로 전락했다. 내가 얼마만큼 사람들을 부양할 수 있는 능력이 있느냐가 남자들의 프라이드요, 자기의 지위요, 힘을 과시하는 것이니까. (…) 결국 필요 없는 부와 사치까지 하기 위해 피눈물을 흘려가면서 노동하는 산업주의적 인간상이 태어났다.

### 돈

돈을 많이 지닌 사람은 세상 모든 것을 가진 것처럼 권력을 누리기도 하고 다른 사람들의 부러움을 받기도 하지. 하지만 돈은 돌고 돈다는 사실을 잊으면 안 돼.

### 가족

진짜 가족이라는 것은 우리가 혈연으로 보는, 핏줄로 보는 세속적인 가족 그 이상의 것들이 있습니다. 핏줄만 가진 가족은 진정한 가족이 아닙니다. 거기 사랑이 있고 믿음이 있을 때 비로소 핏줄 플러스 알파일 때 진정한 혈족입니다.

—

가족은 쉬는 곳이고 믿는 곳이고. 생존경쟁하다가 집에 돌아오면 비로소 쉬어요. 쉴 곳이 여기밖에 없어.

치열한 싸움에서도 집에 들어오면 괜찮아.

### 먹거리

오늘날 모든 먹거리에는 발암물질이 있다, 살찐다 등등
네거티브한 여러 가지 요소가 있어요. 식품 산업이라는 것이
직접 농사지어서 내가 먹는 게 아니기 때문에 그렇게 된
거지요. 섬에 사는 사람들이 만든 배는 뒤집히는 일이 없어요.
자기가 만든 배가 뒤집히면 죽는데 아무렇게나 만들겠어요?
지금 우리는 내가 먹을 것을 남이 만들어주죠.
어머니가 만들어주시는 게 아닙니다. 어머니의 손이 아니에요.
그렇기 때문에 식품 산업이라든지 유전자 조작이라든지
먹거리를 믿을 수 없게 되었어요.

### 성性

바이오 시스템으로 보면 여자는 남자보다 훨씬 강합니다.
우선 미토콘드리아는 알수록 놀라워요. 모계로 이어진
생물입니다. 그래서 외할머니의 외할머니의 외할머니로 가면
족보를 찾을 수 있는데 아버지의 아버지로 가면 2대도
못 가요. (…) 그래서 그나마 성이라도 사회적 성이라도
주자고 한 겁니다.
성경을 보면 '하나님, 어머니시여'는 없잖아요.
'하나님 아버지'라고 합니다. 그게 법이에요.

여성은 법이 아니라 바이오입니다.

### 외할머니
어머니의 어머니, 그 어머니의 어머니. 과학자들은 아프리카에
살던 인류 최초의 외할머니를 '미토콘드리아 이브'라고
부른다.

### 미녀
'상아 같다, 백설 같다, 백색의 대리석 같다.' 그렇게 찬양한
미녀의 하얀 피부빛은 건강한 생명력, 그리고 일하고
활동하는 생산적 행동력을 거세당한 빛깔이기도 했다.
그것은 19세기 말의 그 유명한 폐병파派 취미와도 전연
무관한 것이 아니다.
얼굴이 창백하다는 것은 번민의 빛이다. 우수와 고뇌에 싸인
고통의 빛이다. 그리고 또 얼굴이 창백하다는 것은 밖에 잘
나돌아 다니지 않는 밀폐의 이미지다.
피부 빛깔만이 아니다. 허리와 발과 손이 다 같이 가늘어야
한다는 조건도 그렇다. 행동적인 것, 힘의 근원이 되는 부분은
허리요, 발이요, 손이다. 그런데 그것이 가늘었을 때만이
미녀가 될 수 있다는 것은 무기력하고 약한 것이 바로 미녀와
동의어라는 사실을 느끼게 한다.

## 코

셀프self를 의미하는 한자의 자自 자가 코의
모양을 본뜬 것이라고 한다. (…)
인간의 코는 코끼리의 코, 멧돼지의 코처럼
숨 쉬기 위해서만 있는 것이 아니라
자신을 자아를 '나'를, "나는 생각한다.
고로 나는 존재한다Cogito ergo sum"라는 존재의
의식을 나타낸다.
파스칼로 인해 유명해진 클레오파트라의 코.
남성 지배의 세상에서는 여자, 여인, 계집,
아낙네의 코는 없었다. 자기 자신, '나'가 없었다.
유일하게 클레오파트라의 코가 여자에게도
코가 있음을 보여준다.

### 여성미

미는 무엇이든 조금씩은 다 무용無用한 곳에 있다.
아름다운 장미꽃에서 토마토나 사과와 같은 유용有用한 열매가
매달리는 것을 본 적이 있는가? 우리에게 가장 귀중한
양식이 되는 벼와 보리의 그 꽃이 백합처럼 아름답던가?
신은 가장 쓸모 없는 것에 영혼을 기쁘게 하는 미美를 주었다.
그러나 여성의 미는 다윈의 의견대로 단순히 무용한
장식성에서 끝나는 것은 아니다. 적어도 종족 보존에 있어서
가장 유효한 힘을 지닌 것이 여성미다. 아름다움이란 그만큼
많은 이성異性을 유혹할 수 있는 힘을 의미하며, '밉다'는 것은
거꾸로 많은 이성으로부터 기피를 당한다는 것을 의미한다.
종족 보존에 대한 성의 경쟁에 미의 토대가 있고, 자연 도태의
법칙에 그 미의 기준이 있다. 그러므로 아무리 미가 주관적이라
해도 생명적인 것, 생산적인 것, 그리고 퇴화가 아니라 진화적인
것 속에서 우러나와야만 한다. 오늘날까지 여성미는 다분히
퇴화적인 것들 속에 있었다. 인간의 욕망과 생을 억제하고
이지러지게 하는 데서 여성미를 구하는 일이 많았다.
여성에게 미를 요구한 것이 잘못이 아니라 그 미의 기준이
여성의 자연스러운 생명감을 부정하는 쪽으로 치우친 것이
잘못이었다. 여성의 사회적 지위가 바뀌고 남성들의 여성관이
편견에서 벗어나 좀 더 자연스러운 것으로 옮겨져가고 있는
현대에서는 여성미의 기준도 바뀌어야 한다는 것이다.

### 헤어스타일

여성의 헤어스타일에는 그 종족이 속해 있는 한 사회의 생활양식이 반영되어 있고, 그 시대의 정신적인 문화의 취향이 결정되어 있다는 것을 알 수 있다.
댕기와 쪽을 푸는 데서부터 한국의 전통문화와 근대의 서구문화가 하나의 분수령을 이루고 있다는 것을 봐도 알 수 있는 일이다. 단정하게 빗어 한 오라기 머리칼도 흩어지지 않게 쪽을 찐 옛날 한국의 그 고전적인 헤어스타일에서 우리는 무엇을 느끼는가. 추상같이 엄격한 정렬貞烈의 미다.
그것은 자유분방하게 풀어 헤친 머리나 혹은 퍼머넌트 웨이브로 숏커트한 현대 여성의 활동미, 그리고 다양하고 자유로운 조형미와는 참으로 대조적이다. 문명의 미는 건축양식 속에 있고 여성의 미는 헤어스타일 속에 있다.

### 머리카락

보들레르는 여성의 머리카락에 도취하여 한 편의 시를 썼다. "저 지쳐버린 아시아와 타오르는 아프리카, 모두가 멀고 먼 옛날, 부재不在하며 거의 사멸해버린 세계가 여인의 깊은 머리 숲속에서 숨쉬고 있다"는 것이다. 그 머리의 숲에는 원시적인 생기가 넘쳐흐른다. 그것은 남성의 영혼을 부르는 향기 어린 숲이며, 검은 바다이며, 하늘로서 그려진다. 원초적인 자연, 하늘과 땅과 바다의 이미지를 가지고 있는 아름다움이다.

그래서 남성들이 여성의 아름다운 머리카락에서 느끼는 사랑은
가장 원시적인 생의 본능과 그 경탄인 것이다.

### 매력
무력보다 남의 마음을 사로잡는 매력文力이 더 지속적이고
강한 것이라는 것을 아는 데 인류는 수만 년이 걸렸습니다. (…)
칼로는 정복은 할 수 있지만 사람의 마음을 사로잡을 수는
없습니다. 그러나 노래나 춤은 스스로 춤추게 만들고 눈물
흘리게 만들고 감동을 주는 겁니다. 칼처럼 무서워서 무릎
꿇는 것이 아니고 돈처럼 두려워서 아첨하는 것이 아닙니다.
노래나 춤은 스스로 좋아서 따라가는 것입니다.

### 박애
우리는 피 흘린 혁명도 경험해봤고, 땀 흘려 경제도
부흥해봤다. 딱 하나, 아직 경험해보지 못한 것이 바로 눈물,
즉 박애fraternité다. 나를 위해서가 아니라 모르는 타인을 위해서
흘리는 눈물, 인간의 따스한 체온이 담긴 눈물. 인류는 이미
피의 논리, 땀의 논리를 가지고는 생존해갈 수 없는 시대를
맞이했다.

### 세상일
저울로 무게를 달아야 할 물건이 있고 자로 길이를 재어야 할

물건이 있듯이, 사물이나 세상일도 어느 때는 주관으로,
또 어느 때는 객관으로 생각하고 바라보아야 해.

### 균형
빠른 세상에 휩쓸리다가는 자칫 한쪽으로 치우치거나 길을
잃고 헤매기 마련이지. 이럴 때일수록 더더욱 낙관과 비관
모두의 눈을 가지고 균형을 유지하는 게 필요해.

### 노이즈
사람과 사람이 얘기하는 것은 기침, 표정 등 콘텐츠 메시지
이외의 많은 노이즈noise가 있는 거예요. 그렇기 때문에 우리가
흔히 말하는 이야기 중심의 콘텐츠는 반드시 책으로, 문자로,
음성으로 잘 다듬어진 것이 아닙니다. 살아 있는 사람들의
정보 전달은 항상 전달하고자 하는 메시지 외에 불필요한
노이즈들이 낀다는 거예요. 그 노이즈가 꼈을 때 정말 생생한
정보가 되는 것이죠.

### 백지
설명할수록, 의미를 붙일수록 글은 길어지지만 그 의미는
줄어든다. 백지에 가득 찬 의미를 죽이기 위해 사람들은
검은 문자들로 채운다. 그 공백의 의미를 허물어버린다.
백지 가득 고여 있는 그 의미를 참지 못하기 때문이다.

### 의미

말과 글에 담긴 나의 생각과 마음은 나 혼자만의 것이 아닙니다. 여러분과 함께 생각해온 그 모든 기억이 그 말과 글 속에 담겨 있습니다. 어떤 세월도, 어떤 공간도 우리가 남기는 이 말과 글의 의미를 멸망시킬 수는 없습니다.

### 시간

자연의 변화 속에서도 꿋꿋하게 살아남으려면 자연의 순리에 따라 살아가는 유연함과 강한 의지, 그리고 고결한 성품을 지녀야만 해. 그래야만 잠시도 머물러 있지 않는 시간의 물결에 휩쓸려 가지 않고 자신의 삶을 지켜갈 수 있지.

### 내버려두다

가장 좋은 동물 보호는 그냥 그대로 내버려두는 거야. 사람이 억지로 끼어들면 말썽이 일어나고 뒤탈이 생기거든. 그러니 그저 곁을 내주기만 하면 돼. 그러면 자연은 어느새 스스로를 치유하고 우리 곁으로 돌아와 있을 거야.

### 폐기물

인간은 1리터의 물을 마시기 위해서 10리터, 1톤이 넘는 폐기물들을 만듭니다. 가장 많은 폐기물을 만드는 게 인간입니다. 그러나 자연은 절약하고 필요한 것만 먹고,

약육강식 같지만 (…) 맹수가 없으면 초식동물들의
번식에 의해서 이 지구는 황폐한 사막으로 바뀔 것입니다.
(…) 오히려 그 초식동물의 초원을 지켜주는
그린 키퍼green keeper로서의 역할을 하는 것입니다.

### 지다

가위바위보라고 하면 지는 쪽으로 돌아가는 거예요. (…)
바위가위보라고 하면 다 이기는 쪽으로 돌아가요. 놀랍지요.
그런데 이기는 쪽으로 가면 죽어요. 봄이 여름을 이겨보세요.
여름이 가을을 이겨보세요. 계절이 거꾸로 가면 오뉴월에
서리가 내려요. 그런데 져보세요. 여름이 오니까 봄이, 봄이
졌어요. 가위가 주먹한테 졌어요. 겨울이 오니까 그 뜨거운
여름이 져요. 보한테 져요. 그런데, 다시 봄이 오니까 녹아요,
얼음이. 져주면 어떤가요. 아들이 아버지보다 잘나가요.
아버지가 아들을 이기면 대가 끊겨요. 다 죽어요.

### 경쟁

떳떳하게 지고 떳떳하게 이기는 것, 그것이 경쟁의 참뜻이야.
사실 멀리 보면 이긴 사람도 없고 진 사람도 없어. 누구나
이길 때도 있고 질 때도 있잖아. 그런데 앞에 가는 사람을
미워하고, 자기 힘이 약한 것을 억지를 부려 감추려 들면
진짜 패배자가 되고 만단다.

경쟁은 나쁜 것이 아니야. 자연의 경쟁을 보렴. 서로 먹고 먹히는 것 같지만, 사실은 그 속에서 더 큰 생명이 자라잖아.

### 실패

사람은 누구나 실패를 하게 마련이야. 아마 우리는 살아가는 동안 성공할 때보다 실패할 때가 훨씬 많을걸. 문제는 실패를 했을 때야. 실패하고 나면 창피하고 힘들어서 주저앉고 싶지. 하지만 그럴 때일수록 힘을 내서 일어서는 용기가 필요해.

### 익다

우리 생각과 행동도 세월과 더불어 익어가야 해. 우리가 사는 지금 이 세상에도 불로 금방 부글부글 끓이는, 아니면 날것으로 허겁지겁 먹는 그런 맛과는 다른 삶의 맛이 있단다.

### 장단점

생각만 바꾸면 단점이 장점이 되고, 필요 없다고 여겼던 게 유용한 것이 될 수도 있단다.

### 실천

생각하는 능력을 더욱 빛나게 하는 힘은 바로 실천에서 나와. 직접 행동을 해봐야 자기가 품은 생각에 어떤 문제가 있는지

알 수 있고, 이를 바꿔나갈 수 있어. 실천이 없다면 자신이
마주한 최초의 장애물 앞에서 그대로 멈춰 서 있겠지.
생각은 행동에서 나오고, 또 생각은 실천으로 완성되는 거야.

―

한 사람의 실천은 열 명을 눈뜨게 하고, 백 명의 마음을
흔들고, 천 명의 생각을 바꾸게 한단다. 거짓과 불의를 보고
잘못되었다고 생각하는 건 무척 중요해. 하지만 그걸
실천으로 옮기지 않으면 아무것도 바뀌지 않아.

### 휴머니즘

인간이라는 명예심名譽心, 그리고 인간이라는 독립성을 없앨 때
오늘날의 '휴머니즘'은 성립되지 않는다. 패배할 수밖에 없는
인간의 운명을 알면서도 그와 같은 인간에의 긍지矜持와
독립성이라는 명예심을 잃지 않고 있기 때문에 '휴머니즘'은
아직 남아 있는 것이며, 인간은 또한 분노할 수가 있는 것이다.
(…) 인간에의 높은 긍지를 가질수록 자기 자신에 대한 높은
자의식을 지닐수록, 분노는 해일海溢처럼 커진다.
이러한 인간의 분노가 집단적으로 사회적으로 나타나게 될 때
'혁명'이란 것이 있게 된다. 분노를 모르는 동해사회東海社會에
진정한 시민들의 혁명이 없었던 것은 극히 당연한 일이다. 또
'휴머니즘'도….

### 네오필리아 neophilia

호랑이는 아무리 포식을 해도 잠시도 가만히
못 있어요. 뛰고 바위 올라가고 포효하고 이것을
그래서 라틴어로 네오필리아라고 합니다.
호랑이는 끝없이 새로운 것을 추구하는
네오필리아적 성향을 가지고 있고
사자는 좋은 게 좋은 것이고 모험을 안 합니다.
이미 아는 것, 친숙한 것을 좋아하고 새로운 것,
불안한 것을 싫어합니다. 즉 네오포비아 neophobia 적
성향을 갖고 있습니다. 그렇기 때문에 사실상
잠자는 사자라는 말이 그냥 생긴 말이 아닙니다.
그래서 울 안에다가 가두면 사자는 자는데
호랑이는 계속 어슬렁어슬렁 돌아다니는 겁니다.
인간도 네오필리아가 있고 네오포비아가
있습니다.

## 분노

패배의 미학美學 순응順應의 윤리 속에서 살아온 한국의
은자들에겐 언제부터인가 분노를 죄악시하는 습속이 있었다.
분노를 나타내는 것은 '군자'가 아니다. 분노를 참는 것이
미덕으로 통하는 사회다. 그러나 서구의 역사와 문명을
움직인 것은 분노의 제거가 아니라 분노 그것의 폭발이었다.


## 노여움

분노의 상실이란 자기 개성을 포기하는 것이고,
자기의 주체성을 망각하고 타의 질서에 굴복屈服해
들어가는 것을 의미한다. 분노는 분리에의 감정인 것이다.
그래서 첫째로 우리가 화를 낸다는 것은 남에게 모욕侮辱을
당했을 경우이다. 분노는 언제나 자기를 전제로 하고 있다.
내가 나를 거부하고 내가 나를 지키려고 하는 마음이 없을
때는 남이 모욕을 가해오고 침범해오더라도 마치 노예奴隸나
'뉴펀들랜드'의 개처럼 꼬리를 칠지언정 분노는 느끼지 않는다.
그리고 둘째로 우리가 화를 낸다는 것은 불의를 보거나 배신을
당했을 경우이다. 그것은 단순한 윤리적인 감정이라기보다도
질서에의 감정이다. 법칙을 수호하려는 감정이다.
스포츠의 관객들이 심판이 부정을 행하여 패자에게 승리를
주거나, 혹은 '페어 플레이'를 하지 않고 반칙을 되풀이하는
선수의 '게임'을 보면 분노한다. 그것은 모든 법칙을

깨뜨리는 것이기 때문이다.

셋째로 우리는 구속을 받게 될 때 분노를 느낀다. 이것을 둘째 번의 경우와는 정반대의 법칙에 대한 반발심이다. 즉 자기가 하고자 하는 욕망이 금제禁制를 당하였을 때 분노를 느끼는 것이다.

이러한 분노는 불복종의, 자유에의 의지이며, 파괴적인 본능에서 비롯되는 것이다. 그러니까 첫째 번의 분노는 둘째 번의 분노와 그리고 셋째의 이 분노가 동시적同時的으로 나타난 것이라 할 수 있다. 마지막으로 우리가 또 분노를 느끼는 때는 생리적生理的인 것이다. 육체적으로 괴로움을 당했을 때 분노를 느끼는 경우이다.

첫째의 분노는 '인간의 노여움'이면, 둘째 번 분노는 '신의 노여움'이며, 셋째 번 분노는 '사탄의 노여움'이며, 마지막 노여움은 '동물적인 노여움'이라고 할 수 있다. 인간은 신의 노여움에서 동물의 노여움까지 서로 상반된 분노의 감정을 모두 소유하고 있다. 그러나 현대에 이르러서는 (동양은 옛날부터 그러하였다) 인간은 '신의 노여움'을 상실喪失했고, 다음으로는 '인간의 노여움'을 상실했으며, 날이 갈수록 이제는 '사탄의 노여움'과 '동물적인 노여움'까지도 잃어가고 있는 것이다.

**운명**

인간의 독립선언 속에는 언제나 분노의 힘이 작용한다.
허무(죽음)에 도전하는 인간들은, 역사의 운명과
싸우는 인간들은 분노의 화산을 걸머지고 있다.

**애증**

외국을 숭배하고 외국이 우리보다 잘났다고 생각하면서
동시에 그들을 업신여기고 비하하는 이중 감정이 우리
개화기의 외국관, 외국인관입니다. (…)
그래서 (…) 일본놈, 되놈, 미국놈. 전부 놈 자를 붙여요. (…)
그런데 우리와 관계없는 사람들, 대만 사람이라고 하지
대만놈이라는 소리 들어봤어요? 필리핀 사람이라고 그러지
필리핀놈이라는 소리 들어봤어요? 태국놈? 대만놈? 호주놈?
안 해요. 다 사람이라 그래요. 애증, 관심이 없으면 증오도
안 생겨요. 사랑하고 존경하고 그들을 따르기 때문에
반작용으로 놈 자가 나오는 거죠. 이게 없으면 완전히
먹히는 거죠. 완전히 먹히는 거예요.

**조국**

오늘의 영광에서 절대로 역사와 조국을 잊지 마라. 조국은
외투가 아니다. 덥다고 벗고 춥다고 입는 게 아니다.
피부 같은 거다. 벗을 수 없다.

### 천지인
하늘은 아버지처럼 햇볕과 비를 내려주고, 땅은 어머니처럼
하늘에서 내려준 것들을 받아서 곡식을 만들지. 사람은 그
곡식을 먹고 살아가니까, 하늘이 우리 아버지이고 땅이 우리
어머니인 거야. 그래서 우리 조상들은, 이 세상에는 하늘과
땅이 있고 비로소 사람이 있다는 생각을 가지고 살아왔지.

### 존중
어떤 이유에서도 인간이 인간을 차별할 권리는 없어. 중요한
건 피부색이 어떻든 각자 자존심과 긍지를 가지면서 다른
인종도 존중하는 태도를 가지는 거야.

### 무지
모른다고 인정하면 그것을 다시 배울 기회가 있는데
안다고 생각하면 그 사람은 영원히 무지의 벽에서
벗어나질 못합니다.

### 영성
지성은 고민을 표현하는 것, 어떻게 해결하는가 하는 것은
영성의 소관입니다.

### 찾다

아이가 젖을 안 빨면 아무리 어머니가 젖을 빨게 하려고 해도 죽어요. 젖을 빨려는 욕망. 그 힘. 그게 있는 사람에게 어머니의 젖이 있는 것이지 지가 거부하면 못 먹어요. 그렇기 때문에 소위 찾는다는 것. 이것처럼 귀한 것이 없습니다. 그런데 우리는 안 찾습니다. 찾아야지만 주는데 안 찾는 사람에게는 아무리 전능한 하나님이라도 줄 수가 없어요.

### 긍정

예수님은 '부자가 천당에 들어가기보다는 낙타가 바늘귀로 들어가기가 더 쉽다'고 표현하였지요. 같은 뜻이라도 어렵다가 아니라 쉽다의 긍정문으로 말하신 겁니다. 아마도 그 긍정의 힘이 있기 때문에 예수님은 2천 년의 시간과 전 지구의 공간으로 군림할 수 있었던 것이라고 봅니다.

### 삶

이게 삶이죠. 빛도 아니고 어둠도 아니고, 대낮도 아니고 어둠도 아니고. 그 어렴풋한 상황에 있기 때문에 빛을 구하고 어둠을 구합니다.

# 16

일상: 종지부 없는 이야기

### 현재형

경험은 완결되는 것이 아니기 때문에 우리들의 이야기에는
종지부란 없다. 흐르는 경험, 끝없이 형성되고 성장하는
이야기의 한 토막 속에서만 우리들의 생과 가까운 진실이
있다. 인간의 생에 있어서는 죽음까지도 종말일 수가 없다.
그래서 우리들은 우리들의 이야기를 과거형으로 서술하지
않고 항상 지금, 이 자리에서 부딪치는 이야기로 그리려는
현재형의 의지를 지닌다.
생은 막다른 골목길을 지나는 것은 아니다. 종착 시간의 역을
향해 달려가는 야간열차가 아니다. 그런 것이 아니라
그것은 벌판이어야 한다. 벌판의 한복판 위에 그 생은 있다.
그 공간 어디에 시작이 있고 어디에 끝이 있던가?

### 순환

고통이 계속 간다는 말은 밤이 계속 밤이라는 말이다.
그런데 밤이 자꾸 어두워지면 환한 새벽이 된다. 겨울이 아주
추워지면 봄이 된다. 이건 논리적인 게 아니다. 추우면 자꾸
더 추워져야 되지 어떻게 최고로 추워지면 그때부터는
따뜻해지는 걸까. 순환하니까 그렇다. 직선이라면 끝장까지
간다. 어둠이 끝장까지 가고 추위가 끝장까지 가면
여러분들에게는 희망이 없다. 그렇지만 우리의 계절,
우리의 시간, 우리의 삶은 계속해서 순환을 한다.

### 가능성

사람을 욕할 때 우리는 '덜됐다' '못됐다'라고 한다. 그리고
반대로 칭찬할 때에는 '사람 됐다' 혹은 '된 사람'이라고 한다.
사람은 타고난 존재가 아니라 끝없이 완성을 향해서
'되어가는 것' '변화해가는 것'이라는 한국인의 철학이
담겨 있는 말이다. 그래서 덜됐다는 욕도 실은 욕이
아니라고 할 수가 있다. 지금은 덜됐지만 앞으로는 잘될 수도
있다는 가능성을 배제하지 않고 있기 때문이다.

### 성장

중력의 법칙에 따르면 엎드려 기어 다니는 이상으로 편한
자세는 없다. 이 세상 어떤 의자나 책상도 두 다리로 서 있는
것은 본 적이 없다. 그런데 왜 아이들은 누가 시키지도 않는데
모험을 자청하는가.

─

몸의 성장은 첫 담배를 피울 무렵만 되어도 곧 정지하고 만다.
더 이상 키는 자라지 않으며, 발은 한 번 맞춘 그 신발보다
더 커지지 않을 것이다. 그러나 인간의 마음은 죽을 때까지
자란다. 작은 물방울이 시냇물이 되고 시냇물이 바다가
되듯이 인간의 의식도 끝없이 넓은 것으로 확대되어가는
하나의 물방울이다.

### 역설

새벽에 아름다운 노을이 생기는 것은 그 대기에 먼지가
섞여 있기 때문이라는 역설을 잊지 마십시오.

### 목적지

나그네는 길을 만든다. 여행과 길은 떼어낼 수 없는 쌍둥이다.
여행하고자 하는 마음에서 길이 생겨나는 것이니까!
만약 나그네가 모두 단순한 방랑자였다면 길은 생겨나지
않았을 것이다. 황량한 죽음의 사막에 실크로드를 연
사람들은 단순한 모험심과 새로운 대지를 보고 싶어서
떠돌아다닌 방랑자들은 아니었다. 그 사막 너머로 상품을
팔아 돈을 벌겠다는 뚜렷한 목적과 의지를 지니고 있었던
상인들의 발자국이 그 길이 된 것이다. 석가모니도 예수도
공자도 모두가 다 대여행가들이었다. 그들의 여행 역시 나와
타인들을 구제해야겠다는 종교적인 목적이 있었다.
석가모니가 세상을 돌아다니며 설법을 한 그 행적을 살펴보면
그 당시 상인들이 장사 목적으로 돌아다닌 코스와 일치한다.
공자도 마찬가지였다. 호기심과 멋만으로는 문학을 즐길 수는
있어도 탐구의 길을 열 수는 없다. 아무리 방랑자라 해도
여행에는 목적지란 것이 없을 수 없다.

### 길
길이 너무 많으면 길을 잃어버린다.

### 시간
시간에 먹혀서는 안 된다. 시간을 꿈의 이로, 의지의 이로
깨물어야 한다. 삼켜야 한다. 혓바닥으로 새로운 시간들을
맞이해야 한다. '먹는다'는 말, 야생적인 이빨의 언어로
새해를 맞이해야 한다. 새해 첫날 새벽에 쏟아지는
그 찬란한 햇빛의 시간을 눈으로 보아서는 안 된다. 송곳니로
씹어야 한다.

### 목소리
우리도 두 시인의 목소리를 갖고 싶다. 구름 뒤에서 우는
종달새 같은 빛의 예언자가 필요한가 하면
논두렁 밑에서 우는 뜸부기의 둔중한 어둠의 경고자를
똑같이 그리워한다.

### 낙타
낙타는 어째서 눈썹이 긴가? 낙타는 사막을 가기 때문이다.
허허벌판에 모래바람이 분다. 불타는 사자의 눈이라 해도
혹은 그것이 아름다운 사슴의 눈이라 해도
사막의 지평을 바라볼 수는 없다. 모래 언덕에서 뜨거운

모래바람이 앞을 가릴 때 오직 길을 잃지 않고
앞으로 갈 수 있는 것은 낙타뿐이다.

### 악

열린 악은 닫힌 선보다 희망이 있어요. 내일이 있는 겁니다.

### 스승

스승은 멀리 있는 것을 바라볼 수 있도록 가르쳐주는
사람이다. 발밑의 풀만이 아니라 먼 삶의 지평으로 우리의
시선을 이끌어준다.

### 지문

1등 다음에는 2등이 있지요. 1등이 없어지면 2등이 그 자리를
대신할 수 있습니다. 내가 하는 일을 누구도 대신할 수 없다면
그는 베스트 원best one이 아니라 온리 원only one의 자리를
차지하게 됩니다.
누구도 내 삶을 대신할 수 없기에, 이 세상에 하나밖에 없는
나이기에, 내 지문처럼 찍힌 이 삶은 이토록 소중하고 이토록
찬란한 빛인 것입니다.

### 가난

더 많은 가구, 더 많은 애인, 더 푹신한 의자, 더 높은 명성,

"더, 더, 더…"란 말을 외쳐대다가 사람들은 죽어간다.
페르시아 궁전 같은 사치를 주어도 인간은 가난하게 죽어간다.

### 바보

바보 앞에서만은 누구나 다 무장을 해제하고 또 피곤한
경쟁심의 허리띠를 끄른다. 바보 이야기는 우리에게 언제나
푸근한 마음을 준다.
아들이여, 너희들이 화로의 정을 모르듯이 또한 바보 이야기
속에 담겨진 슬기를 모를 것이다. 너희들이 아는 것은
겉으로만 뜨거운 저 불이다. 겉으로 드러난 저 능력, 저 힘,
저 지배의 신화이다. 그러나 아들이여, 정말 춥고 긴
그 겨울밤을 이겨내는 것은 재 속에 숨겨진 질화로 속의
불덩어리이며, 바보의 무능 속에 숨겨진 슬기의 광명이다.

### 부족

매사에 부족을 느끼는 사람은 눈을 뜨고 있지만
매사에 충족을 느끼는 사람은 잠만 잔다.

—

병에 든 물처럼 인생은 너무 넘치는 것보다는 약간 부족한
쪽이 다루기 쉽다.

**어른**

실상 철이 든다는 말과 행복이라는 말은
역비례한다. 행복을 장식품 정도로 알고 세상을
살아갈 수 있게끔 되어서야 사람들은 비로소
어른이라고 불러준다.

### 답다

답다는 것은 설정해놓은 어떤 이상과 그 이미지를 향해서
끝없이 접근해가는 것, 그리고 그것이 되어가는 것을
의미한다.
'사람답고' '사람 되고' 하는 그 변화, 그리고 그 변신.

### 감기

감기에 걸리면 그리고 방 안에 홀로 누워 있으면 갑작스레
청력이 예민해진다. 거리를 지날 때, 직장에서 때 묻은 서류를
넘기고 있을 때, 많은 사람과 악수를 하기도 하고 눈을
흘기기도 하고 의미 없는 손짓으로 무엇인가 말을 주고받을
때, 그런 때에는 결코 들을 수 없었던 소리들이 그 방 속으로
스며들어온다. 새들이, 참새들이 나뭇가지 위로 옮겨 다니는
그 부드러운 날갯짓 소리와 비밀처럼 내리고 있는
눈발 소리와 두꺼운 얼음장 밑을 흘러가는 강물 소리 같은
것을 들을 수가 있다. 창문 틈으로 새어 들어오는 그 바람들이
북국의 많은 도시들을, 눈 속에 파묻힌 삭막한 대지들을,
낯선 산 이름과 그 많은 강 이름들을 거쳐온 길고 긴 여로의
이야기를 들려준다.

### 노동

노동이 예술로, 예술이 종교로 승화되어가는 과정이야말로

생계에서 벗어나고 노동에서 자유로워지는 방법입니다. (…) 아무리 돈이 많아도 돈 자체, 생계 자체에 목적을 둔 사람들은 평생을 노동만 하는 노예나 다름없습니다.

—

꿀벌은 꿀 따는 데만 집중하지만 우리 한국 사람들은 나비처럼 꿀도 따고 춤도 추면서, 놀며 꿀을 따는 거예요. 이왕에 똑같은 꿀을 따온다면 그냥 땀을 뻘뻘 흘려가며 꿀 하나만 따오는 것이 아니라 즐거운 마음으로 춤을 추어가면서 꿀을 따오는 나비형이 더 좋지 않겠습니까? 또 그렇게 하는 것이 오래갈 수 있지 않겠습니까?

### 진리

머리로 이해하고 귀로 이해하고 눈으로 이해하는 것은 진리가 아닙니다. 입으로 먹고 어금니로 씹어 마침내 한몸이 되어야 진리입니다. 말 따로, 몸 따로, 맘 따로인 것은 진리가 아니지요.

—

'진리는 나그네'란 말도 있지 않던가. 진리는 한곳에 사로잡혀 있지 않는 것, 절대적인 것이 아니라 변화하는 것이다. 그리고 그것은 섭렵하는 것이다. 구하고 떠나며, 떠나서 다시 구하는 것이다. 진리는 나그네인 것이다.

### 무릎

아들이여, 그 상흔 때문에 무릎은 아름다울 수가 있는 것이다. 좌절의 경험, 엎드러지고 또 엎드러지면서 이 대지를 굳건히 디디고 한 발 한 발 걸어갔던 그 보행의 기억을 지니고 있기 때문에 그 무릎은 아름다운 것이다. 네가 만약 부모의 손에 매달려서 이 땅을 걸었더라면 너는 무릎을 다치지 않았을 것이다.

### 상처

무릎의 피를 두려워해서는 안 된다. 무릎의 상처 없이 너는 이 현실의 길에서 홀로 걸을 수 있는 자유를 얻지 못한다. 좌절은 두려운 것이 아니다. 좌절할 수 있기에 사람들은 너를 젊음이라고 부른다.

―

어떻게 증명하랴. 나의 영혼이 혼혼한 짐승의 그 잠과 다르다는 것을 어떻게 증명하랴. 짐승들에겐 내면의 상처라는 것은 없다.

### 기대

가장 불행한 사형수는 어쩌면 특사를 받을지도 모른다는 그 기대를 버리지 못한 채 형장으로 끌려가는 자다. 부질없는 기대는 사형보다 더 큰 형벌이다. 인간은 기대를 버리지 못하고 사는 이중의 형벌을 지닌 수인이다.

### 연기演技
골방 속의 연기는 아무도 보아주는 사람이 없다. 연기란 남이 보아줄 때 정말 값어치가 있는 것이다. 자기를 다른 사람인 것처럼 꾸며 보여준다는 것, 그것은 가면을 쓰고 자기를 속이는 일처럼 흥미가 있다. 사람들은 '남'이 되고 싶어 한다. 자기 아닌 다른 존재가 되고 싶어 한다.

### 거짓말
대부분의 거짓말은 장난으로 시작되지만,
결과적으로는 자기 자신까지도 속이게끔 발전한다.

### 젊음
자, 준비가 다 되었으면 불확실한 바다로 용감히 뛰어드세요.
젊음은 물음표와 느낌표 사이에서 매일 죽고 매일
태어납니다. 젊음은 그렇게 탄생합니다.

—

우리의 삶은 한 번뿐입니다. 또 젊음이라고 하는 것도
마찬가지입니다. 장미가 가장 아름다운 순간은 5분인가
10분밖에 안 된다고 합니다. 원예가한테서 그 이야기를
들었을 때 정말 눈물이 났습니다. 장미가 최고로 아름다운

것은 시간으로 재보면 한 5~6분 동안일 뿐 곧 시든다는
것입니다.
역시 인생이 길다고 하지만 젊은이의 아름다움이라는 건
1~2년입니다. 이 귀중한 것을 왜 헛되게 보냅니까?
왜 허무주의에 빠져 술을 마시면서 인생의 꽃을 낭비합니까?

―

아무리 완벽한 조각도 그 자세를 바꿀 수 없기에
항상 움직이는 젊은이만큼 아름다울 수가 없다.

### 먼지

그것은 아무것도 알 수 없는 시간 위에서 암처럼 조용히
번져간다. 그것은 무장한 적병들처럼 함성을 지르고
나타나지도 않는다. 폭탄처럼 일시에 폭발하지도
않을 것이며 다른 바이러스처럼 신열을 일으키거나 소리를
내지도 않을 것이다.
먼지는 그렇게 서서히, 그렇게 소리 없이 활발한 것들을,
빛깔 있는 것들을, 윤기 있는 것들을 그리고 신선한 모든
생명을 덮어버린다.
그렇다. 너는 먼지를 거부하지 않으면 안 된다. 이미 어른들의
시선이나 동작이 이르지 못하는 생의 구석, 그 죽어버린
장소에 쌓이는 먼지를 들추어내지 않으면 안 된다.

## 부드러움

단단한 이는 세월과 함께 썩고 빠져 하나도
남아 있지 않다. 그러나 부드러운 혀는 어떤가.
여전히 태어났을 때 그대로가 아닌가. 바위는
높은 곳에서 떨어지면 부서져버리지만
높은 폭포에서 떨어진 물은 아무런 변화가 없다.
부드러운 것이 단단한 것을 이기는 것이다.

### 메이비

'메이비maybe'는 '예스'와 '노' 사이에 존재합니다. 예스가 대낮이고 노가 한밤중의 어둠이라면, 그렇지요, '메이비'는 바로 그 빛과 어둠 사이에 존재하는 어렴풋한 새벽의 노을일 것입니다.

### 낙지자

희로애락喜怒哀樂 중 왜 '락'이 맨 끝에 있는가? 희, 로, 애는 누구나 할 수 있다. 인생의 끝에 낙이 온다. 인생의 마지막에 낙지자樂之者가 된다는 의미다.

### 비

애들은 식물과 같아서 자주자주 적당한 비가 내려야 잘 자랍니다. 촉촉하게 내리는 비처럼 사랑도 그렇게 내려야 합니다. 가뭄도 문제지만 홍수도 문제예요.

### 단절

사막에서 살아가려면 물을 밖에서 구하려 해서는 안 될 것이다. 낙타처럼 혹은 선인장처럼 자신의 몸속에 수분을 저장해두어야 한다. 자신의 갈증을 자신의 체액으로 적셔주는 외로운 그 작업에 익숙해야 한다. 그렇기 때문에 사막에서 자라는 생물들은 타자로부터 아무것도 기대하지 않으며

아무런 보상도 받으려 하지 않는다. 이 단절이 오히려 그들의
내면을 풍요하게 한다.

### 경솔
경솔한 참새는 그물에 잘 걸리고 가벼운 종이는
바람에 잘 날린다.

### 관점
관점이라는 것은 내 마음 안에 품고 있는 자유이면서도
때로는 그 때문에 어쩔 수 없이 한편으로 쏠리는 편향성을
갖게 됩니다. 쏠린다는 것은 선택한다는 것이고 선택한다는
것은 다른 한쪽을 버리지 않으면 안 된다는 것인데도 늘 삶의
반쪽밖에는 볼 수 없게 합니다.

### 병
병은 내가 혼자라는 것을 가르쳐준다. 이 아픔은 누구도
대신해줄 수 없을 것이다. 그리고 그 아픔은 외부와 나를
끊어놓는다. 병은 많은 것을 가르쳐준다. 친숙했던 모든 것이
실상 나와는 아무 관련이 없다는 것을, 아니 본질적으로
생명을 느끼게 한다. 생명 속에서 사는 사람들은 생명을
모른다. 병은 이상하게도 나를 생명으로부터 소외시키기
때문에 생명을 강렬하게 인식시켜준다.

### 병상
병상은 좁지만 그 위에 누워서 생각하는 세계는 넓고 크다.

### 타란텔라 tarantella
이탈리아에는 타란텔라 춤이란 것이 있다. 경쾌한 춤이다.
그러나 이 춤은 '타란툴라 tarantula'라는 독충에게 물린 사람이
고통을 참지 못하고 껑충껑충 뛴 데서 비롯된 것이라고
전한다. 그 아픔이 도리어 유쾌한 춤으로 발전된 것,
바로 그 타란텔라 춤 같은 것이 시와 더불어 살아가는
우리들의 삶이다.

### 외양
모든 사람은 납보다는 은을, 은보다는 금을 더 좋아한다.
그 외양을 보고 말이다. 그런데 셰익스피어의 희곡에서는
그것이 완전히 거꾸로 되어 있다. 금보다는 은, 은보다는
납이다. 상식과 일반적인 규준을 뒤엎어버린 역전된 가치관…
그것은 세속적인 상식이나 고정관념에의 도전이다.
반짝거린다고 다 금은 아니다. 겉모양만 보고 사물을
판단하지 말자. 초라한 납, 경멸하는 납 속에 진실이, 행운이,
아름다움이 깃들어 있다.

### 모험가

모험가는 잠시도 쉬지 않는다. 움직이고 거부하고 뛰어들고,
그러면서도 아무 결과도(실리적인 것) 기대하지 않고
아무것에도 사로잡히지 않는 데서 그 모험의 생명이 있다.
그리하여 모험적 인간은 절망하지도 않을 뿐 아니라
후회하지도 겁내지도 않는다. 따라서 모험가는 으레 향수에
사로잡히는 일이 없다. 생은 뒤에 있는 것이 아니라 앞에
있다. 돌진하기 위해서, 자신의 자유를 증명하기 위해서
가벼운 몸차림으로 과거와 서슴지 않고 몌별袂別한다.
그러므로 모험적 인간이란 자기 운명의 창조자이며,
반전통주의자이며, 반지성주의자이며, 반개성주의자이며,
실험적 인간이며, 따라서 유쾌한 하나의 해방인이다.

### 정적

사람들은 정적 속에서 진짜 소리를 듣게 돼. 아무 소리도
없는 고요함 속으로 침잠하는 순간 자신의 어리석음, 큰 목청,
큰 정치의 공허함, 사치의 경제가 빈 항아리로 울려오는
소리를 듣지.

### 새

새가 둥지를 가지고 있는 것은 멀리 날기 위해서다. 조국은,
민족은 가장 따뜻한 둥지이지만 날지 않을 때에는 감옥이기도

하다. 날개는 날기 위해서만 있는 것이 아니다. 날개는 덮개가
되고 품개가 된다. 알을 까고 나온 새끼 새들은 둥지를 떠나
먼 하늘로 날아갈 것이다. 그리고 어미 새가 그랬듯이
어느 가지에 둥지를 틀 것이다. 이렇게 해서 둥지와 날개를
동시에 갖게 된 새는 행복해진다.

### 강약

나는 늑대가 두려워하는 강한 사슴이 되고,
사자가 무서워하는 강한 양이 되자는 거요.
아니, 먹히고 나면 무슨 사슴의 고귀함이 있고,
무슨 양의 착함이 있겠냐 이거요.
그러니까 강強과 약弱을 다 가져야 합니다.

### 몸

현장에서 듣는 이야기는 같은 말이라도 새롭고 믿음이 간다.
아픔을 아는 데는 전문가인 의사 쪽이 아니라 제 몸으로 아는
환자 쪽이다.

### 치료

병을 지칭하는 한국어의 '편찮다'나 영어의 '디지즈disease'는
다 같이 '편안하지 않다'라는 뜻에서 비롯된 말이다.
그러므로 병을 치료한다는 것은 육체만이 아니라

그 마음까지를 포함하여 편안하게 해주는 행위다. 몸만을 대상으로 하여 자동차를 수리하듯이 또는 로봇을 점검하듯이 해서는 진정한 치료라고 할 수 없다.

### 내일

'일지라도'의 이 짧은 한마디 말이 있기에 내일의 문을 열 수가 있다.

—

무위도식하는 신중성보다는 서툰 일이라도 저지르는 경솔함에 내일의 가능성이 있다.

—

아마냥amanhã(포르투갈어로 내일이란 뜻). 성급하고 각박한 우리 생활을 생각해볼 때 이 말처럼 부러운 것이 없다. 내일이 없는 생활이다. 오늘에만 쫓기다가 내일을 잃어버린 우리들이다.

—

목전에 있는 것을 먹기 위해 오히려 돌아갈 줄 아는 것이 내일을 생각하는 기획성입니다. 목전의 욕망을 억제하고 돌아섬으로써 내일 그 욕망을 이룰 수 있다는 겁니다.

### 휴머니즘

전쟁 때 부역한 사람들 잡아다 깜깜한 데 가둬놓고 나에게

보초를 서라 그러면, 갇힌 사람들이 그렇게 안돼 보일 수가
없어요. 담배 한 대만 피우고 싶다며 안달들인데 그냥 두고
볼 수가 있어야지. 그래 불이랑 담배를 구해다 주면 그 사람들이
막 박수를 치고…. 그럼 난 기분이 좋으냐? 그냥 누구
편이어서가 아니라 인간적으로 불쌍해 그렇게 한 것뿐인데,
한편에서는 박수를 보내고 또 다른 쪽에서는 "너 사상에
문제 있는 것 아니냐"고 의심을 하고. 양쪽으로부터
오해받는 나는 도대체 어디로 가야 하겠소. 그렇게 이념보다
휴머니즘이 앞서는 것이 나의 보수주의라면 보수주의요.

### 교육

지금 우리 교육은 '하우 투 언How to earn(어떻게 얻을 것인가)'에
중점을 두고 있지. L을 하나만 보태봐.
'하우 투 런How to learn(어떻게 배울 것인가)'이 되잖아.
'하우 투 런'에 가치를 두면 사회 전체가 달라져요. 공부는
물론 연애와 친구 교제 다 마찬가지. 공부를 통해,
연애를 통해 무엇을 얻을 것인가를 생각하지 말고
무엇을 배울 것인가를 생각해봐요.

—

아이들을 '가르치는 것'과 논밭을 '가는 것'도 알고 보면 같은
뿌리에서 생겨난 말이다. 어원이 아니라도 낮에는 밭을 갈고
밤에는 책을 읽는다는 말이 있듯이 우리의 의식 속에서는

교육과 밭갈이는 늘 한 개념으로 쓰여왔다. 한마디로
교육이란 마음밭心田을 가는 쟁기질이다.

### 미로
미로에서 미아가 되는 것은 당연한 일이다. 길 잃은 미아는
집으로 돌아갈 수 없을 것이다. 미아는 고아가 되고 고아는
돌아올 곳을 찾지 못하고 헤매야 한다. 우리는 집을 나간
사람을 '나간이'라는 뜻으로 '나그네'라 부르고 돌아올 곳을
찾지 못하고 떠도는 나그네를 '방랑자'라고 한다. 도시는
대체로 나그네와 방랑자들이 모여 사는 곳이고 성문처럼 늘
문은 있어도 닫혀 있는 곳이다.

### 독불장군
독은 홀로 독獨, 불은 아니 불不, 장군은 장군將軍.
독불장군이라는 말 속에는 혼자서는 장군이 될 수 없다는
말이 포함되어 있다. 그 말을 잘못 쓰고들 있는 거야.
나는 독불장군이야. 혼자서는 장군이 될 수 없다는 것을 알고
있는 사람이라고. 하지만 아무도 가지 않은 후지고 좁은
오솔길이라면 혼자라도 가야지.

### 여행
해외를 여행한다는 것은 곧 자기 자신의 내면을 여행하는

것이라는 역설을 이해해주기 바란다. 밖으로 나간다는 것은
실은 끝없이 자기 안으로 들어가는 것이라는 사실을
나는 실제로 체험하였다.

—

여행만은 되도록 원시적으로 하는 편이 이상적이라는 생각이
들었다. 구름과 하늘밖에는 구경 못 하는 비행기보다는
기차 여행이 좋고, 아무리 마음에 드는 경치가 있어도 결코
역이 아니면 멈춰주지 않는 기차보다는 제 손으로 모는
자동차 여행이 흥겹다. 그리고 위험한 자동차보다는…
지도나 도로 표지를 보느라고 마음 놓고 경치 구경을
할 수 없는 그 자동차보다는 죽장에 삿갓 쓰고
행운유수行雲流水라는 김삿갓식 도보 여행이 제일 좋다.
발과 시간이 그것을 허락해주기만 한다면 말이다.

### 비교

사람이 살아간다는 것은 어려운 일이다. 자기 혼자 살아가는
것이 아니라 늘 남과 비교를 하면서, 혹은 경쟁을 하면서
생활해야 한다. 어린애들은 어린애들끼리, 어른들은
어른들끼리 이 비교 의식 때문에 산다는 것은 더욱 괴롭기만
하다. 아래는 보지 않고 위만 보면서 살아간다. 그러므로
현재의 자기에 만족하는 사람은 아무도 없는 것 같다.

## 무늬

사람은 태어나 죽을 때까지 각기 다른 '나이'를 갖게 된다. 분명한 것이 있다면 사람은 누구나 한 생애에 있어 똑같은 나이를 두 번 다시 가질 수 없다는 사실이다. 그리고 그 나이와 마찬가지로 '똑같은 나' 또한 없다는 것이다. 스물두 살 때의 '나'는 서른세 살 때의 '나'가 아니며 마흔세 살의 나는 예순여섯의 '나'가 아닌 것이다. (…) 느끼고 생각하고 행동하는 모든 것이 나의 나이테처럼 자신의 의식 속에 뚜렷한 무늬를 그려가고 있기 때문이다.

### 눈치

눈치는 센스다. 그러나 그것은 단순한 센스로는 설명될 수 없다. 눈치는 언제나 약자가 강자의 마음을 살피는 기미이며 원리 원칙과 논리가 통하지 않는 부조리한 사회에서는 없어선 아니 될 지혜이다.

### 땀

땀을 많이 흘린다는 것은 여러 모로 명예스러운 일이다. 우선 생물학적인 견지에서 보더라도 땀은 고등동물만이 흘릴 수 있는 특권이기 때문이다. 그리고 사회적(?) 견지에서 보면 일하는 사람일수록 많은 땀을 흘리기 마련이다. 그것은 노동하는 이의 특권이다.

### 설득

남의 활동을 만류하기 위해서는 철조망보다는 이해를 통한 설득력이 몇 배나 더 강한 구실을 한다.

### 모조품

모조품의 비극을 아는가? 모조품을 모조품으로 알았을 때에는 비극이 생기지 않는다. 마틸드(모파상의 소설 「목걸이」에 나오는 주인공)는 가짜 다이아몬드의 모조품 목걸이를 진짜로 알았기 때문에 그의 일생을 망쳐야 했다. 우리들이 보고 있는

그 생이 모조품이라고 한다면, 아! 이 노력과 이 투쟁과
이 회상은 얼마나 억울한 일이냐.

### 방랑
인간은 자기의 고향이라고 생각되는 곳에 현재 살고 있을 때,
진정으로 자유를 향락할 수 있다. 본래의 고향을 떠나 방랑적
생활을 하고 있을 때에는 자유를 갖지 못한다.

### 내막
부엌을 들여다보면 어떤 음식도 먹을 수가 없다.
인생을 살려면 때로는 내막을 몰라야 한다.

### 불구
육체의 불구는 두려워하면서도 정신의 불구를 두려워하는
사람은 별로 없다.

### 살인
남을 죽일 수 있다는 것은 비단 남의 생명을 경시하는
데에서만 생겨나는 것이 아니라 자신의 목숨까지도 하찮게
여기는 데에서 온다. 결국 살려는 욕망이 두절되었을 때
살인을 저지르고 자살을 감행한다.

### 소유

소유한다는 것, 그것은 자기를 구속하는 일이다.
가장 자유로운 자는 아무것도 소유하고 있지 않은 자이다.

―

아들이여, 이따금 나는 네가 발톱을 깎고 있는 것을 볼 때가
있다. 네가 하루하루 커가는 것이 대견스럽다. 그러나
아들이여, 너의 마음도 그렇게 자라고 있는가. 우주의
공간만큼 넓어져갈 것인가. 네 호주머니 속에 든 그 딱지에만
집념하지 말라. 한 뼘도 되지 않는 그 호주머니 속에 너의
인생과 행복을 채우려고 하지 말아라.

### 오해

오해, 이것이 역사를 만들어낸다. 때로는 성자를, 때로는
영웅을, 때로는 반역자와 죄인을… 오해의 밑바닥에 있는 것,
그것은 인간의 고독이다.

### 불꽃

불은 견고하고 매끄러운 차돌멩이 안에도 있고,
말라죽은 나무 토막 안에도 있고, 안개 같은 공기 속에도 있다.
다만 그것이 부딪히고 마찰을 일으킬 때에만
불꽃은 눈을 뜨고 일어난다.

―

불꽃도 열매를 맺는다. 그것을 바라보는 인간의 영혼 속에서.
―
불꽃이 태우는 것은 나무가 아니라, 암흑의 밤이다.

### 떫다
그들은 아직 한 역사에 또는 한 사회에 예속되어 있지 않다.
하나의 상속자로서 하나의 후보자로서 인생의 티켓을 들고
혼잡한 대합실의 벤치에 걸터앉아 있는 그런 존재다.
또 그것은 실천하는 인생도 아니다. 간단히 말해서 들떠 있는
인생이라고 할 수 있다. 산미가 가시지 않는 떫은 열매들이다.

### 치장
속이 빌수록 치장을 많이 한다. 화려한 꽃일수록 쓸모 있는
열매가 열리지 않는 법이다.

### 태양
태양과 친한 사람들은 건강한 육체를 가진 사람이다.
그늘 속에서 자라난 파리한 서생들은 태양을 모른다. 구릿빛
근육은 행동을 요구한다. 앉아서 생각하는 인생이 아니다.
책에서 배운 사회가 아니라 직접 현장 속에서 인간의 의미를
체험하는 그들은 모험가들이다. 태양과 친한 사람들은
출범하는 선부들처럼 건강과 모험과 기대에 가득 차 있다.

### 판단

특정한 판단이 지향 없는 응시보다 낫고 특정한 행동이
단순한 타성보다 보람 있다.

### 여름

여름은 개방적이고 타인 지향적인 계절이다. 그러므로 항상
자기보다 이웃을 생각해야 하는 계절이다. 전축과 라디오의
볼륨을 겸손하게 낮출 것이며, 열려진 창이라 하여
들여다볼 것이 못 된다. 여름의 모럴moral은 결국
'창'의 모럴, 자기 창을 열었거든 남의 창도 열게 하라.

### 독백

아이는 가끔 혼잣말을 잘한다. 인형이나 강아지나 아이들은
상대편에서 말을 들어주고 대꾸를 하지 않아도 침묵하는
것들을 향해서 말을 건다. 독백처럼 보이지만 아이들은
세계의 모든 것과 대화를 한다. 그렇게 해서 성장해가는
것이다.
키가 성장을 멈추면 사람들은 혼잣말을 하지 않게 된다.
하지만 겉으로는 대화를 하고 있는 것처럼 보여도 실은
독백을 하고 있는 경우가 많다. 아이들은 독백을 하면서
대화를 하는데 어른들은 대화를 하면서 독백을 한다.
이것이 어린아이와 어른의 차이이다.

### 검색

컴퓨터나 스마트폰으로 생활하는 요즘 젊은이들은
사색하지 않고 검색을 합니다. 숙제도 검색으로 하고,
친구와 밥 먹을 곳도 검색으로 찾고, 검색하지 않으면 쇼핑도
사랑도 못 합니다.
그러나 저녁노을을 보는 감동, 새가 날아가는 경이로움,
마른 가지에서 꽃이 피는 기적을 검색해보세요.
사랑하는 사람 앞에서 뛰는 심장을 심전도로 측정할 수
없듯이 죽음의 슬픔, 삶의 기쁨을 검색해보세요.
지난여름 사랑하는 친구와 함께 손을 잡고 해변을 달리던
때의 그 바다를 검색해보세요.
구글의 동그라미가 무한으로 이어져도, 검색으로는 찾을 수
없는 세상이 있습니다.

### 생존력

경쟁력은 약하지만 생존력은 강합니다. 소나무 보세요.
소나무는 활엽수나 떡갈나무와 싸우면 져. 쫓겨나.
그러면 죽어야 하잖아? 아니야. 활엽수가 절대로 못 가는
곳이 어디야? 황토고 낭떠러지고… 그래서 소나무가
낙락장송落落長松 되는 거예요. 딴 활엽수들이 살지 못하는
땅에서 살 수 있는 생존력이라고.

### 진실

성경에는 기도를 장황하게 하지 말라는 예수님의 말씀이
나옵니다. 거짓말을 하려고 하면 자연히 말이 길어집니다.
하지만 진실한 것은 단어 하나로 족할 때가 많습니다.

### 경험

누구나 삶을 살고 있으면서도 '삶이 무엇인가'라고 물으면
참 답변하기 힘들어요. 우스운 얘기 하나 할까요. 형이 담배를
피우니까 동생이 물었어요.
"무슨 맛으로 피슈?" "그 맛에 핀다."
"그 맛이 뭐요?" "그 맛에 핀다니까."
얼마 뒤 아우가 형처럼 담배를 피웠습니다.
그때 형이 물었지요.
"넌 무슨 맛에 담패를 피우냐?" 그러자 아우는
"예, 저도 그 맛에 피워요"라고 답했다고 합니다.
그 맛이 말로는 설명이 안 돼요. 이런 경우 '그 맛'이라고밖에
말을 못 하죠. 그렇듯 삶은 겪어봐야 합니다. 체험해봐야
되는 것입니다.

### 지혜

청년은 정보에 민감하고 중년은 지식을 축적하고 노인은
지혜로 살아간다.

신탁이 아테네에서 가장 똑똑한 자가 소크라테스라고 하니,
(그가) 궁금해서 길을 나섰지. 소크라테스가 살펴보니
아테네 사람들이 다 똑똑한 척을 하는 거야. 자기는 모르는 게
너무 많은데, 사람들은 물어보면 다 안다고 하거든. 그때
신탁의 의미를 깨달았지.
'아! 내가 모른다는 걸 안다는 게 이 사람들보다 똑똑하다는
이야기구나.'
소크라테스는 '모른다는 것을 아는 것'이 인간이 알 수 있는
최고의 지혜라고 봤네. 자신이 무지하다는 걸 아는 자가
아테네에서 소크라테스 한 사람이었던 거야.

### 보다

'본다는 것'은 하나의 의미를 나타낸 것이다. 보고 싶지 않은
것, 무의미한 것, 추악한 것, 그런 것들과 마주치면 우리는
눈을 감거나 다른 방향으로 고개를 돌려버린다. 적어도
우리가 무엇을 본다는 것은 우리가 그것을 선택했다는 것이며
동시에 그 가치를 찾아낸다는 것이다.
그렇기 때문에 죽어 있는 겨울 벌판은 바로 우리가 눈을
감아버린 세계이며, 꽃과 향기와 아지랑이가 피어오르는 봄의
뜰은 바로 우리가 눈을 뜨고 보는 세계이다. 우리가 보지
않을 때 모든 사물은 부재한다.

보려는 것, 보기를 원하는 것, 보고자 노력하는 것,
그래서 내 안에 숨어 있는 영혼과 그 밖에 있는 물질계를
시선의 통로에 의해 깊이 결합시키는 것,
그것이 봄의 어원학이며 철학인 셈이다.

—

눈에 보이는 것들은 이미 소유해버린 것이다. 밖으로
노출되어 있는 것은 보지 않으려고 해도 습관처럼 저절로
보인다. 그래서 인간이 진정으로 무엇을 보려고 할 때에는
누구나 그 손에 곡괭이를 들지 않으면 안 된다.
그러므로 '본다'는 말은 '캔다'는 말이다. '본다'는 말은 곧
'판다掘'는 말과 동의어인 것이다. 땅을 판다는 것은
가시적인 것에서 불가시적인 것으로 고개를 돌리려는
의지이다. 그것은 한 세계의 차원을 바꾸는 운명의 결단이다.

### 흉터

옥으로 빚은 듯 아름다운 몸매를 지닌 사람도 무릎에 흉터
없는 사람이 없지요. 왜냐하면 어렸을 때 걸음마 배우다
얼마나 무릎을 많이 다쳤습니까? 그러면서 어른이 되었지요.
넘어지고 다치고 사는 과정 속에서 커가는 것입니다.
내 인생은 결정되었도다, 내 진리는 이곳에서 끝났다 한다면
살 필요가 없습니다. 틀림없이 이것이 진리다 생각될 때에도
회의하고 또 회의함으로써 그 생각을 반추해봐야겠습니다.

### 배우

연극이나 영화 속의 인물로 분장하여 연기하는 사람을
배우라고 한다. 그러나 이 세상이 하나의 무대요,
그 위에서 벌어지고 있는 것이 연극이라고 한다면 배우 아닌
사람이 없다. 그래서 어느 철학자는 죽을 때 "막을 내려라.
희극은 끝났다"라는 말을 남기기도 했다. 그러나 어떤 사람은
"막을 내려라. 비극은 끝났다"라고 비장하게 외칠지도 모른다.
요컨대 우리는 희극 배우인가 비극 배우인가, 그것이 문제다.

### 기회

위기는 기회와 깊은 관계가 있다. 위기危機의 한자를 봐라.
글자 자체에 위험과 기회가 동시에 존재한다. 희랍어의
'위기'는 '선택'을 의미한다. 죽느냐 사느냐의 경계선에서
우리가 무엇을 선택하느냐에 따라, 위험에 빠질 수도
새로운 기회를 잡을 수도 있다는 뜻이다.

### 정情

이제 우리들은 일대일의 정으로부터 사회적인 정으로
눈길을 돌려야 합니다. 이제까지는 아는 사람들끼리만 정을
주고받았는데, 이제는 공장에서 일하는 사람들이나 가난한
사람들, 또 학대받는 사람들에 대해서도 정을 나눠야 하지
않겠는가, 가족끼리 친구끼리 또는 이웃끼리는 정이

두터웠는데, 혹시 낯모르는 사람들에겐 비정하지 않았나를
깊이 생각해봐야겠지요. (…)
아무리 큰 빌딩을, 큰 공장을 세우고 그로 인해서 번영을
가져왔다 할지라도, 정이 없는 사람은 하나의 지푸라기로
만든 허수아비에 지나지 않습니다.

### 상상력

영원한 승자가 없듯이 영원한 패자도 없다. 가위는 보자기를
이기고 주먹은 가위를 이긴다. 그러나 그 주먹은 거꾸로
가위에 진 보자기에게 진다. 가위바위보에는 순환성이 있을
뿐 절대 지배라는 것이 없다. 오는 계절을 미리 알고 노래하는
시적 상상력을 기르면 우리는 미래의 의미를 읽는 미래학자가
될 것이다.

### 날개

새는 한쪽 날개로만 날지 못한다. 두 날개가, 서로 다른
날개가 있어야 비로소 자유롭게 난다. 이른바 '반대의 일치'라는
오랜 논리가 이 새 날개의 논법에 속한다. '여'가 있으면
그것에 대립된 '야'가 있어야 하는 것과 마찬가지다.
이 어긋난 생각이나 행동이 서로 균형을 이루고 상호 보완
작용을 할 때 새는 한 방향을 향해 난다. 날개는 둘이라도
방향은 하나이다. 한쪽 날개는 오른쪽으로, 또 한쪽 날개는

왼쪽으로 제각기 자기 욕심대로 날려고 하면
그 새는 날지 못하고 추락한다.

### 기준
어린이와 대화를 나눌 때 나는 어른이지만, 노인과 말을
나눌 때는 어린이입니다. 자기라는 절대적인 기준은 있을 수
없습니다. 부드럽게 변용하는 나만이 존재한다고 볼 수 있지
않습니까? 약한 자도 강자가 될 수 있고 강자도 약한 자가
됩니다.

### 흉몽
요즘 유행어 가운데 '꿈 깨라'라는 말이 있다.
또 '꿈도 크다'라는 것이 있다. 터무니없는 야망,
분수를 모르는 욕심을 꿈이라고 보고 있다는 증거이다.
유행어는 그냥 생기는 것이 아니다. 그런 꿈속에서 헤매는
사람들이 많이 있다는 뜻이고 그런 꿈이 사회적 악몽을
부른다. 실제 꿈에만 흉몽·길몽이 있는 것이 아니다.
현실을 뛰어넘는 자유로운 상상력에서 생긴 미래의 꿈이
길몽이라면 현실에 얽매인 욕망에서 생겨난 꿈은 흉몽이다.

### 벽
인생에서 오직 한 가지만을 선택하고 그것만을 향해

질주하고 있는 인생은, 공처럼 둥글지 아니하고 원추처럼
뾰족한 끝을 갖고 있기에, 그것은 벽을 뚫기도 하고 벽에
못 박혀버리기도 한다. (…)
이러한 어른들은 사회체제의 벽 속에 깊숙이 박혀 있다.
그들은 더 깊숙이 박히기를 원할 뿐이지 튀어나올 줄을
모른다.

### 출가

현실에 만족하고 현실에 순응하는 자는 언제나 집에 머물러
있다. 안전을 추구하는 자는 집을 뛰쳐나가는 자가 아니라
끝없이 집 속으로 기어드는 자다. 무엇인가 혁명을 원하는
자들은 새로운 가치를 찾아 인생을 개혁하려는 자들이다.
석가모니처럼 높은 집안의 울타리를 뛰어넘어 출가를 한다.
집에서 나간다는 것은 한 사회에서, 인간의 한 현실에서,
주어진 현상의 모든 것에서 뛰어나간다는 의미다.

### 뿌리

세 살 버릇이 여든까지 간다지만, 이 말을 뒤집으면 세 살 때
본 것, 느낀 것은 평생의 추억으로 남는다는 뜻이 되기도
한다. 이는 단순한 기억이 아니라 사고와 행동 양식을
결정짓는 뿌리가 된다.

### 깊이

물 위에 떠다니는 물오리는 물의 깊이를 모른다.
생활의 표면 위에서만 떠다니는 사람들은
인생의 깊이를 모른다. 물속에 빠질 줄 아는
짐승이 물의 깊이를 알며, 생활에 좌절해본
일이 있는 인간만이 생활의 깊이를 안다.

### 아침

어떤 유명한 시인이 말하기를, 행복한 사람이란 내일 아침을 기다리며 잠자리에 드는 사람이라고 했습니다. 사랑하는 사람을 가진 사람은 어서 아침이 되어 사랑하는 이와 만나게 되기를 기다립니다.
아침을 기다리며 잠자리에 드는 사람과 아침 해가 뜨지 않기를 바라는 사람이 인생에 있어서 행복과 불행을 결정한다고 할 수 있습니다.

### 가불

오늘을 위해서 내일을 저당 잡히는 것처럼 무서운 일은 없습니다. 나는 '가불'이라는 말을 아주 싫어합니다.
한 민족이고 개인이고 간에 미리 꾸어서 오늘 써버리면 내일은 어떻게 됩니까? 가불과 반대되는 것은 예금입니다. 내일을 위해 오늘 아껴서 저축하는 거지요.
인생에는 두 가지 유형이 있는데, 예금을 하기 위해서, 내일을 위해서 오늘 허리띠를 죄는 사람과, 오늘 허리띠를 풀기 위해 내일의 것을 미리 꾸어다 쓰는 사람이 있습니다. 그럼 우리는 가불인가, 예금인가 각자 한번 생각해봅시다.

### 과거

내일을 이야기할 때는 항상 혁신적이고 새로운 이야기를

해야지 옛날에 우리가 어떠했다는 과거 이야기를 해보아야
무슨 소득이 있겠느냐, 또 옛것을 버리고 새것을 찾아야
미래 지향적이고 내일이 있지 않겠는가, 이렇게도 생각할 수
있지요. 그러나 과거는 간단히 사라져버리는 시간이 아닙니다.
그것은 바로 미래로 통하는 터널입니다.

### 정직

정직은 이상적인 도덕이라기보다 차라리 현실적인
처세술이라고 하는 편이 좋겠다. 정치가도, 상인도, 관리도,
정직한 사람은 일시 손해를 보는 것 같지만 결과적으로는
그 때문에 늘 이득을 본다.

―

인생을 살아간다는 것은 거짓말과 참말, 거짓과 정직
사이에서 방황하는 것이다.

### 철

철이 들었다는 말, 사람이 되었다 안 되었다는 말을 쓴다는
것은, 인간이란 미완성으로서 끝없이 사람으로 되어가는
것이라는 사상을 나타낸 것입니다. 자세히 생각해보십시오.
여러분이 "저 애 아주 못됐어… 못된 애야" 할 때 그것은
아직 되지 못한 것, 아직 사람도 아닌 것이라는 뜻이지요.
태어날 때는 사람도 아닙니다.

우리가 돌날에 아이들한테 상을 차려주고 생일을 챙겨주고
이렇게 해서 점점 한 살, 두 살 나이를 먹어가는 것이 '철'
아닙니까?
철이 든다는 것은 사람이 되어가는 과정을 이야기하는 겁니다.

### 노인

우리는 나이를 먹어가면서 완성해가는, 죽을 때까지 마지막
순간까지… 사람이 되어가는 겁니다. (…) 마치 오래 묵은
소나무들이 점점 틀을, 자기 자세를 갖추어가듯이 말입니다.

―

노인들은 우리들 곁에 존재하는 것만으로도 인생의 내면을
키워주는 명상의 구실을 해왔다. 노인들을 보면서 우리는
어떻게 살 것인가를, 이 세상에서 얻은 것들을 하나씩 둘씩
잃어가며 끝내 죽을 수밖에 없는 생의 한 실존을 느꼈다.
권력의 술잔에 취해 있을 때, 황금의 광채로 부신 눈을 뜨고
있을 때, 사랑의 욕정과 증오라든가 분노라든가 슬픔이라든가
하는 것에 온몸을 불태우고 있을 때, 때때로 노인들과 함께
생활하면서 브레이크의 그 의미를 깨달았다. 이 노인과
죽음의 환영으로 인해 덞은 생에 오히려 단맛이 스미게 했으며,
그 무게를 더해가기도 했다.

### 꿈

호랑이를 그리려는 자는 고양이밖에 그리지 못하고, 고양이를 그리려는 사람은 쥐새끼밖에는 못 그린다는, 꿈이 높아야 현실도 높다는 소박한 진리를 잊지 말자.

### 응원

응원 문화를 통해서 우리는 우리의 경쟁 상대가 '사촌'이 아니라 더 멀고 더 넓은 세계라는 것을 알았다. 내가 선수가 못 돼도 그를 응원하면 내가 곧 그 선수가 된다는 일체감의 원리를 배웠다. 응원을 뜻하는 영어의 '치어cheer'란 말이 얼굴을 뜻하는 희랍말의 '카라kara'에서 나왔듯이 내가 웃는 얼굴을 하면 남도 즐거워하고 그 기쁨도 또한 옮아간다. 물질은 나눌수록 작아지지만 마음은 나눌수록 커지는 이치와도 같다.

### 바람개비

나는 그냥 바람을 기다리고만 있지는 않았습니다. 바람개비를 들고 뛰었지요. 바람이 불지 않아도 앞을 향해 달려가면 바람개비는 돕니다. (…)
기회가 오지 않는다고, 환경이 그렇지 않다고, 시운이 없다고 스스로 한탄하고 주저앉아 있는 사람들에게 나는 바람개비 하나를 선물하고 싶습니다. 그리고 끝없는 경쟁의 시련

속에서 살아가는 이 땅의 기업인에게,
가난한 문화인에게, 그리고 방황하는 젊은이들에게
바람이 없어도 돌아가는 바람개비의 원리에 대해서
이야기하고 싶습니다.

—

돌지 않는 바람개비는 이미 바람개비가 아닙니다.
정지는 바람개비의 죽음입니다. 항상 돌아가고 움직이고
꿈틀대야 합니다.

### 인생

인생이란 서론도 본론도 결론도 없는 것, 인위적인 서열로써
분할하고 전개하고 매듭짓는 것이 아니라, 동시적으로 생의
식탁에 한꺼번에 차려놓아진 것, 그것이 진짜 생이라는
음식이다.

—

인생은 향기와 같은 것일까? 맡으려고 하면 없고,
뿌리치려고 하면 다시 풍겨오는 그 향내일까?

—

인생의 골짜기는 혼자 넘을 수밖에 없다는 데에 그 고독이
있다. 그러기에 어떤 알피니스트alpinist의 등산보다도
그것은 어렵고 또 외롭다.

### 결혼

배는 '닻'과 '돛'이 있을 때 제구실을 합니다. 주식회사처럼 40퍼센트의 주만 소유해도 그 회사의 주인이 되듯이 결혼의 주도 40퍼센트만 차지해야지, 100퍼센트를 독점하려고 하면 생이 낭비되고 말지요. 결혼을 해도 독신자가 지니고 있는 자아의 자유를 잃지 말아야 해요. 자아를 상실하고 지렁이들처럼 얽혀 사는 가정생활에는 썩은 하수도처럼 부패와 정체의 삶밖에 없어요. 거꾸로 독신자로 있어도 '안정'을 구하는 조용한 일상의 행복을 무시해서는 절대로 안 되지요. (…) 닻이 없이 그냥 항해만 하는 배는 부서지고 말지요.
서로 결여된 부분을 보완해가려는 슬기가 있으면 결혼을 해도 독신으로 있어도 '삶'은 행복에 가장 가까운 별을 바라볼 수 있게 되는 것이라고 생각해요.

### 큰일

"아이구 어떻게 하나, 큰일 났네!" 하는 사람은 별로 큰일 난 사람이 아닙니다. 큰일 났는데도 큰일 난 것을 모르는 사람이 진짜 큰일 난 사람이지요. 큰일 났네 하는 사람은 이미 위기의식을 가지고 있기 때문에 벌써 적응력이 생기고 있다고 봐야 합니다.

### 씨앗

씨앗은 당장 먹을 수 있는 것이 아니다. 아무리 배가 고파도 슬기로운 농부는 씨앗을 먹지 않는다. 씨앗은 간직하는 것이고, 개량하는 것이고, 내일을 위해 뿌리는 것이다. 눈앞에 있는 것을 거두어들이기 위해서 낫부터 가는 사람들은 씨를 보존하거나, 그것을 뿌리는 자의 마음을 알지 못하는 사람이다.

### 되다

서로를 계급 관계로 보지 않고 상호 협력해서 사장이 사원이 되고, 사원이 또 고객이 되고, 고객이 또 생산자가 되고, 생산자가 소비자가 되는 그 관계로 돌면, 평등 관계가 되고 협력 관계가 된다. 그러나 대립 관계로 보면 목금토화수는 서로 싸우는 관계가 되어 순환이 되지 않는다. (…) '있다'가 아니라 '되다'로 생각하면 이 세상 모든 가치가 달라진다.

### 마라톤

마라톤은 인간이 의지의 동물이라는 것을 증명하는 스포츠이다.

### 바늘

생활한다는 것은 해어져간다는 것을 의미한다. 찢기고 구멍

난 생의 의상을 다시 꿰매주는 바늘의 언어, 실의 언어,
이 봉합의 힘을 배우지 않으면 안 된다. 갈가리 찢긴 도시와
인간의 마음을 재결합시키는 예리한 바늘을 손에 들어야
한다. 어두운 밤을 새우며 인내심 있게 한 바늘 한 바늘을
움직여가는 작업이 있어야 한다.

### 열매

뜨거운 햇빛과 소낙비 속에서 조용히 열매가 자란다.
그리고 천둥이 칠 때마다 단맛이 스며든다. 사람의 삶도
그 가열한 고난 속에서 그렇게 열매를 맺어가고 있는 것이다.

### 역풍

바람개비는 바람이 부는 방향을 따라가면 돌지 않고
뒤집힙니다. 언제나 역풍이어야만 잘 돌아갑니다. 바람을
거슬러야 생동하는 것이 바람개비의 숙명입니다. 남들이 다들
한다고 따라가지 마십시오. 천 사람이 앉아 있어도 혼자
일어서야 할 때가 있고, 만 사람이 가도 혼자 앉아 있어야 할
때가 있는 것입니다. 바람개비의 삶은 순풍을 향해
돛을 다는 것이 아니라 역풍을 향해 가슴을 벌릴 때
더욱 잘 돌아갑니다.

### 희망

아들이여, 놀부는 박 하나만을 타고 만 것이
아니다. 그렇게 환멸과 고통을 당하고서도
또 하나의 기대를 향해서 그는 톱질을 한다.
당하고 또 당해도 놀부는 박 열세 개를 모두
탔던 것이다. (…)
놀부도 알았을 것이다. 남아 있는 저 박 속에
들어 있는 것은 하나의 어둠이며, 텅 빈
무無이며, 영혼과 육체에 깊은 상흔을 내는
절망이라는 것을 그도 알았을 것이다. 그것을
향해 다시 희망을 품고 덤벼드는 놀부는 이미
악한 자도, 선한 자도 아니다. 인간의 운명
그 자체인 것이다.

### 자기 해체

생의 진정한 목표란 과연 무엇인가? 왜 사는가? 무엇을 위해서 우리는 뛰는가? 그 삶의 목표는 정말 가치가 있는 것인가?

'헛되고 헛되니 또한 헛되도다'라는 이러한 물음에 비껴가려면 슬픔을 모른다는 바쁜 꿀벌들처럼 오직 일만 해야 한다. 눈가리개를 한 말처럼 한곳으로만 트인 시야를 향해서 정신없이 뛰어야 한다.

그러나 인간은 곤충과 달라서, 당연히 질문하고 회의하고 끝없이 자기 해체를 시도한다.

### 역전

뒤집어 생각할 줄 알아야 한다. 모든 삶에는 거꾸로 된 거울 뒤 같은 세상이 있다. 불행이 행이 되고, 행이 불행이 되는 새옹지마塞翁之馬의 변화가 있다. 우물 속같이 절망의 극한 속에서 불행을 이용하여 행운으로 바꾸는 놀라운 역전의 기회가 있다.

### 자유

지금 가난하고 고통스러워도 자유와 희망을 꿈꿀 수 있는 쪽을 택하려는 것이 인간입니다. 완벽하게 만들어진 체제, 이미 다 깔아놓은 선로를 달리기보다 허술한 자동차라도 자기 마음대로 달릴 수 있는 벌판을 원하는 마음과 같지요.

### 모험
모험은 씩씩하고 썩지 않고 신선한 탄력이 있는 힘이다.
그러나 그것을 뒤집어보면 나약과 권태와 금제의 어두운
그늘이 있다. 허무를 아는 자만이 진정한 모험을 한다.

—

인간의 행위는 규정되어 있다. 모든 인과의 끈 속에서
벌어지고 있는 것이다. 무수한 저 직공들은 밥을 먹기 위하여,
가난한 자식들의 학자금을 벌기 위하여 움직이고 있는
것이다. 명예욕을 위해서, 사랑이라든지 증오라든지
질투라든지 하는 감정의 충격에 의해서, 또는 사소한
이해관계에 의해서 오늘도 그들은 움직이고 있다.
동기 없이 인간은 움직이지 않는다. 인간이 살아가는 데에는
무엇이든지 어떤 동기의 끈에 얽매여 있는 것이다. 이 말은
인간이 그에게 동기를 만들어준 어느 누구(절대적인 존재)의
의지에 사로잡혀 있는 노예임을 의미한다. (…) 이러한 동기의
끈에 얽힌 생으로부터 자유로워지기 위해선
'동기 없는 행위'의 모험을 하지 않으면 안 된다.

### 아이
역사는 항상 어른들의 것이지만 그 역사의 의미를 가장

생생하게 수렴하는 볼록렌즈는 언제나 어린이들이라는 것을
다시 한번 기억해주기 바란다.

―

어른들은 돈으로 환산할 수 없는 것이면 모두 무가치한
것으로 안다. 그 점이 바로 아이들과 가장 다른 점이다.

### 태도
무엇인가 상실한 다음에도 인간은 옛날과 같은 태도를
고집한다. 타락한 귀족이라 해도 거지처럼은 웃지 않는다.
거적 위에서도 대리석 위에서처럼 웃는 것이다.

### 식食
내가 요즘 공식을 하나 생각해냈거든.
그건 바로 '라이프Life-푸드Food=라이Lie'라는 법칙이야.
그러니까 인생을 뜻하는 'Life'에서 먹는 것의 'Food'의
'F'를 빼면 남는 것은 거짓말 'Lie'밖에 없다는 것이지.
먹는 것만이 인생에서 남는 진짜라는 거다.

### 행복
생명이 무엇인지 알려면, 생명 밖으로 나가야 해요.
숲을 알려면 숲 밖으로 나가야 하고, 행복을 알려면
불행해져야 하는 것처럼요.

### 드라마

광명과 어둠을 동시에 볼 수 있는 사람은 행복한 사람이다.
그림자가 없고 광명만이 있다면, 광명은 없고 그림자만
있다면 거기에는 다 같이 드라마가 없다.

### 대하大河

대하는 소리가 없다. 시냇물이 흐를 때는 졸졸졸 소리부터
별 소리가 다 나지만 큰 물은 소리 없이 겸허하게 흐른다.
이 물결을 따라 삶을 가꾸고 양생의 도를 실천하는 인생을
살면 그 칼날은 결코 녹슬지 않고 무뎌지지 않을 것이다.

### 부조리

어둠 없는 광명이 어디 있는가?
죽음 없는 생명이 어디 있는가? 그것이 인간의 부조리.
그러나 이 부조리를 사랑하는 자만이 생을 소유한다.

### 신 포도

사람들이 그들의 욕망대로 살다가는 파멸하고 말 것입니다.
인간이 오늘날까지 살아올 수 있었던 것은 먹고 싶은 포도를
먹지 못하고도 '저건 신 포도야' 하고 아무렇지 않게 욕망의
포도나무를 스쳐 지나왔기 때문입니다. 그래서 포기하면서도
마음에 상처를 입지 않았던 것입니다. 이런 심리 덕에

사람들이 여태까지 살아온 것이지요. 그러고 보니 이 여우가 불쌍해 보이지 않습니까? '저 여우가 바로 나구나' 하는 생각이 들면서 말이죠.

### 달력

묵은 달력을 찢는다. 그리고 그 벽 위에 인쇄 잉크 냄새가 풍기는 신력을 걸어둔다. 그때 우리는 정말 새해가 왔다는 실감을 맛볼 것이다.

질식할 것같이 따분한 생활에서 그래도 달력 한 장 바꾼다는 것은 커다란 즐거움이요, 희망이 아닐 수 없다.

이 해도 저물었다. 며칠만 있으면 새 달력이 벽 위에 걸리게 될 것이다. 묵은 달력은 찢고 새로운 숫자가 찍힌 달력장 앞에 서면 가슴이 부푼다. 아무리 외롭고 가난하고 슬픈 사람이라도 새 달력은 새 마음을, 그리고 새 생활을 펼쳐준다.

### 순수

아이들이 눈사람을 만들 때는 칭찬을 받으려는 목적도, 갖다 팔려는 목적도 없다. 그저 눈사람을 만드는 그 자체가 노는 것이기 때문이다. 그런데 어른이 되면서 눈사람이 교통에 방해가 되니까 얼른 치우려고만 한다. 눈사람 죽이기가 시작되는 것이다. 순수한 거, 목적 없는 거, 쓸모없는 것들은 전부 죽인다.

### 밤

밤의 고통을 지나야만 아침의 환희를 느낄 수 있다.

# 17

## 상상: 아무것과 별것

### 별것
늘 보아오던 것, 아무것도 아니라고 생각해오던 게
사실은 '별것'이라고 한번 생각해봐.
'그게 뭘까?' 하고 물음표를 그려보자는 거지.
그러면 나무조각 하나, 돌덩어리 하나도 다르게 보일 거야.
처음 보는 것처럼 낯설게 너에게로 다가올 게 틀림없어.

### 블랙스완
호주에서 검은 백조가 발견되기까지 모든 인간들은 백조를
희다고 믿었습니다. 그런데 한 마리라도 검은 백조를
발견하게 되면 지금까지 백조는 희다고 했던 개념이 바로
무너지는 겁니다. 그러니까 지금까지 잘 돼왔었는데
리먼 브라더스 같은 게 하나만 터지면 증권계의 모든 통념이
하루아침에 무너져버리는 겁니다. 이것이 참으로
무서운 것이고 지성의 힘이 아무것도 아니라는 것이죠. (…)
내일 어떤 지구의 멸망이 오고 무슨 일이 있을지 모릅니다.
아무것도 모르는 블랙스완 속에서 여러분들이 살고 있는
겁니다.

### 갇히다
사지가 묶여 있는 것은 누구나 쉽게 알 수 있지만, 생각이
갇혀 있는 답답함을 자각하고 있는 사람은 드물다. 그러기

때문에 자신의 사고思考를 가둔 사면의 벽을 인식하고 그것을
부수고 나오는 미국 드라마 〈프리즌 브레이크Prison Break〉는
일인극이 되기 어렵다. 사고가 틀 속에 갇혀 있음을
깨달으려면 남이 도와줘야 할 것이다.

### 창살
우리를 가두고 있는 창살은 밖에 있는 것이 아니라 자기
마음속에 있는 것인지도 몰라. 자유로운 사고를 방해하는
창살 말이야.

### 교육
아침 해가 뜨고, 구름이 흐르고, 나뭇잎이 지고 이렇게
너무나도 놀라웠던 내 주변의 자연, 풍경들 그 많은 사람들의
표정이 다르고 웃음소리가 다르고, 목소리가 다른
이 경이로운 삶의 현장 속에서 거짓 없이 진지하게 생각했던
그날들은 대단히 짧습니다. 초등학교만 들어가도 거짓말을
배우기 시작합니다. 유치원 들어가면 노래 부르는 것이
즐거웠고 그림 그리는 것이 흥미롭고 얘기 듣는 것이
가슴이 두근거렸고 춤추는 것이 자기의 삶이었는데 이미
초등학교만 가도 춤추지 않고 노래 부르지 않고
이야기하지 않고 그림을 그리지 않는다 이거예요.
이게 우리 교육이에요.

### 완성

창조라는 건 (그렇게) 외롭고 알아주는 사람이
없고 항상 혼자여야 하는 겁니다. 여러분은
고립을 두려워하지 마십시오. 남들이 다 비웃어도
그것이 창조의 길이고 여러분의 열정이 선택한
미래의 길이라면 과감하게 뛰어들어야 합니다.
하나밖에, 한 번밖에 없는 삶 아닙니까? (…)
여러분 한 사람 한 사람은 다 유일한 사람입니다.
똑같은 얼굴, 똑같은 키, 똑같은 음성을
가진 사람은 이 지구상에 한 사람도 없어요.
여러분 모두 완성된 존재입니다.

### 사람

사람은 동물과는 달리 지극히 높고 깊어질 수 있는 존재야.
사람다워지는 건 한없이 쉬울 수도 있지만, 때로는 너무도
어렵고 끝이 없는 길이기도 하지.
'사람이 되다'라는 말을 가만히 생각해봐. 쉬운 말 같지만
참 철학적이고 깊이가 있는 말이지? '사람이라고 다 사람이
아니다. 사람의 모양을 갖추었지만 실은 사람답지
않을 수도 있다'는 뜻을 담고 있으니까 말이야.

—

아이는 자라면서 세상의 많고 많은 길 가운데 하나를 골라
자신의 운명을 만들어가게 돼. 그렇게 계속 뭔가를 선택하면서
사람이 되어가는 거지. 또 스스로 선택할 수 있다는 것은
달라질 수 있다는 말도 돼. 무엇을 어떻게 선택하느냐에 따라
전혀 다른 사람이 될 테니까 말이야.

—

'사람이 된다'는 말은 어렵고, 그러면서도 희망이 있는 말이야.
지금 어떤 일이 잘 안 된다고 포기하지 마. 인간은 끝없이
무언가가 되어가는 존재니까 말이야. 네 운명은 누가
결정지어 주는 게 아니라 네 힘에 의해서, 네 의지와
노력에 의해서 만들어져. 그러니까 우리는 얼마든지,
어떤 형태로든 무언가가 될 수 있어. 우리는 사람이니까.

### 지평선
두 발로 걸을 수 있다는 것, 그 하나만으로도 사람은 우주에서
으뜸가는 존재야.
다리를 똑바로 세우고 서 있으면 멀리 볼 수 있어. 눈앞의
땅바닥이 아니라 끝없이 먼 지평선을 바라볼 수 있지.
시간으로 따지면 지금 당장이 아니라 먼 미래를 바라보며
살아간다는 이야기와 같아. 사람은 먼 미래를 내다보면서
살았기에 끊임없이 진화할 수 있었던 거야.

### 행동
수백만 년 세월을 거치면서 물방울처럼 자그맣던 생각을
강물처럼 넘쳐흐르게 한 건 결국 인간의 손과 발과 행동이야.
저 먼 옛날 두 발로 서게 된 누군가가 손으로 무언가를 잡은
그 자그마한 행동이 없었다면 생각의 힘을 기를 수도 없었을
테고, 그렇다면 지금의 인간이 없었을지도 몰라.

### 종이
인류는 생각 씨앗을 틔우는 순간부터 종이를 필요로 했어.
생각을 가지게 되면서 그걸 표현할 도구가 필요했던 거야.
그건 어린아이가 연필이나 크레파스를 가지고 노는 걸 봐도
알 수 있지. 글씨를 전혀 모르는데도 도화지며 방바닥,
벽에다가 이상한 그림을 그리곤 하잖아. 아직 생각이 또렷하게

잡히지 않았고 그림 솜씨가 서투르기는 하지만, 아이들은
나름대로 무언가를 표현하고 있어. 다른 동물들은 그렇게
행동하지 못해. 오직 사람만이 본능처럼 지니고 있을 뿐이지.

### 인문학

아주 오랜 옛날 원시인들이 사냥하는 모습을 그려놓은 벽화를
보면 자기가 잡는 짐승은 아주 세밀하게 잘 그려놓았어요.
그런데 그것을 잡는 사람의 모습은 그냥 점으로 툭툭
찍어놨거든요. 먹잇감은 잘 관찰하고 그림으로도 잘
재현하는데, 정작 그 먹잇감을 잡는 사냥꾼을 제대로 그린
벽화가 없는 겁니다. 인간이 아닌 대상을 연구하기는 쉽지만,
인간이 자신의 생각이나 마음을 연구하는 것은 대단히
어렵다는 거지요. 그래서 인문학은 다른 학문과 비교되는 것이
아니라, 학문을 하는 주체 자체가 인간이기에 인문학이 아닌
것이 없고, 인문학이란 것이 따로 없다고 말할 수 있겠죠.

### 식문화

세계 많은 신화가 있지만 먹는 데서부터 시작되는 신화는
단군신화밖에 없습니다. 곰이 깜깜한 어둠 속에서 백일을
기하라. 기하라는 말은 즉 셀프 컨트롤self control.
또, 퓨리피케이션purification. 정화하라 이런 뜻입니다. (…)
근데 쑥과 마늘을 먹고 기하라고 했으니까 이 쑥과 마늘은

자연의 하나의 풀. 그냥 자연 자체가 주는 풀이 아닌 먹는 식물, 즉 '나물'이 되는 것입니다. (…) 즉 우리는 문화를 갖지 않은 자연으로서의 인간이 하나의 문화를 가진 인간으로 옮겨가는 과정을 웅녀를 통해서 보여줍니다. 그래서 먹는 걸 통해서 짐승이 인간이 되는 것이지요. 식문화를 통해서 짐승 상태에서 인간이 된다는 아주 철학적인 의미를 갖고 있어요.

### 영감
우리가 생각의 틀을 깨는 순간, 세상 어느 것도 새롭지 않은 게 없어. 우리 주변에서 벌어지는 모든 일이 빛나는 영감으로 다가올 거야.

### 틀
낡은 틀을 깨뜨리기는 참 어려워. 하지만 그 안에서만 머문다면 세상은 절대로 바뀌지 않아. 그래서 누구보다 앞서 생각하고 새로운 흐름을 받아들이는 사람이 필요해.

### 온리 원
뭔가 새로운 일을, 창조적인 일을, 꿈을 만들려고 할 때 가야 하는 길은 평지가 아니라는 것을 마음에 새겨두십시오. 장미를 처음 미녀에게 비유한 시인은 천재였지만 두 번째로 장미를 미녀에 비유한 사람은 바보라는 말이 있습니다.

여러분은 언제나 새로운 것, 다른 사람이 안 했던 것, 이 세상에 없던 것을 만들어야 이 세상에 '온리 원only one'으로서 존재할 수 있는 것입니다.

### 새것

보통 사람들은 특별한 것도 평범하게 지나치지만,
앞서 생각하는 사람들은 평범한 것도 특별하게 바라본단다.
그리고 보통 사람들은 새것이 있어도 옛날 눈으로 바라보지만,
남보다 앞서 생각하는 사람들은 옛것에서도 새것을 찾아내지.

### 고정관념

고정관념이 좋지 않은 까닭은 사실과 다르게 머릿속에 박혀 있는 생각을 아무 의심 없이 행동으로 옮기게 하거나, 자신도 모르게 진실을 외면해버리게 하기 때문이야.

―

고정관념에 사로잡혀 있는 사람들은 자기가 보고 느끼고 생각한 것을 제대로 표현하지 못해. 게다가 뭔가를 의심하다가도 자기 생각이 오히려 더 잘못되었을지 모른다고 지레 고정관념에 기대고 말지. 또는 자기가 보고 느낀 것을 말하다가 창피를 당할까 봐 입을 열지 못하는 경우도 있고 말이야.

**세다**

딸기 씨는 왜 밖에 있을까 궁금하게 여긴 사람은
있어도 그 과육에 박힌 작은 씨를 헤아려본 사람은
없을 것 같다. (…)
알아서 무엇 하나. 이런 질문을 무시하고
딸기 씨를 세어보는 사람들이 과학, 문학, 종교,
형이상학도 형이하학도 모두 만들어냈다.
별과 지구의 거리를 재본 사람, 하늘의 별을 센
사람.
망원경으로 허공을 쳐다본 갈릴레오 갈릴레이
목숨을 걸고 지구는 돈다고 한 일 없는 세상
당신이 없어도 지구는 돌고
목성은 어둔 하늘에서 빛난다.
평생을 두고 딸기 씨를 세기 위해 방구석에
갇혀 있던 사람, 그것이 바로 나다.
갈릴레오도 셰익스피어도 되지 못한 나다.

### 안주

닭 잡을 때 보십시오. 그전까지도 참 대우 좋죠? 1초 사이에 목 달아나는 겁니다. (…) 우리 인생이 그런 겁니다. 이걸 알고 모면하려면 어떻게 해야 합니까? 끝없이 새걸 찾아서 끝없이 새롭게 나가야 합니다. 안주하지 말고 이 정도면 됐지 하는 생각하지 마십시오.

### 야생마

틀에 박힌 생각은 그저 정해진 철로를 따라 달리는 기차와 다를 것이 없지. 그러나 길들여지지 않은 야생마는 푸른 벌판을 동서남북 가리지 않고 어디로든 달려갈 수 있잖아. 누가 등에 올라타고 채찍을 휘두르지 않아도 야생마는 혼자서 마음대로 벌판을 달리지. 바람처럼 자유롭게 말이야. 생각도 그렇게 자유로워야 새로운 것을 창조해낼 수 있지 않겠니?

### 생각

인간의 뇌는 마르지 않는 샘물과 같아서 평생을 퍼내도 마르는 법이 없어. 오히려 반대로 그 샘물을 길어 올리지 않아서 물길이 막혀버리는 경우가 있기는 하지만 말이야. 생각은 살아 있는 생명체와 같아서 부지런히 갈고 닦지 않으면 생각에 기름 덩어리가 덕지덕지 끼게 된단다.

### 숨바꼭질

손톱 밑에 가시가 박히면 손톱을 보게 됩니다.
글을 쓰다 연필이 부러지면 연필을 보게 됩니다.
다칠 때, 넘어질 때 나는 비로소 나를 봅니다.
나를 찾는 숨바꼭질.
보통 때는 모르다가 실패를 하고 이마를 부딪치면
비로소 나는 숨어 있던 나를 찾아내지요.
서 있는 것보다는 앉아 있는 것이 편하고
앉아 있는 것보다는 누워 있는 것이 편합니다.
편한 삶을 거부하세요.
죽음이란 영원히 누워 있는 것.
살아 있다면 일어서세요.
이마를 부딪치면서 나를 찾는 술래가 되세요.

### 자기

사람들은 자기 모습을 보지 못한 채 행동하는 경우가 얼마나 많은지 몰라. 먼저 자기를 알고, 자기를 넓혀가면 인간을 알게 되고, 인간을 넓혀가면 지구 전체를 알게 돼.

—

사람은 자기가 있던 공간에서 한 발짝 떨어져 나와야 자신을 볼 수 있는 눈을 갖게 되는 거야.

### 직립

성장한다는 것은 네 발에서 두 발로 서는 것이고, 낮은 곳에서 높은 곳으로 옮겨 가는 것이며, 안전함에서 위험으로 나간다는 것입니다. 그렇지요. 두 발로 서는 것은 불안정한 것이지만 네 발로는 도저히 해낼 수 없는 것들을 가능하게 합니다. 대체 네 발로 기어다니는 어떤 짐승이 저 발레리나처럼 춤을 출 수가 있겠습니까. 대체 어떤 짐승이 축구 선수처럼 그렇게 공을 차며 달릴 수 있겠습니까. 인간이 처음 짐승의 무리로부터 떨어져 나오던 그날은, 분명 직립의 자세로 서는 법을 배웠을 때일 것입니다.

### 35억 년

네가 어머니의 아기집에서 머무른 것은 열 달이지만, 사실은 35억 년이나 되는 길고 긴 세월을 거쳐온 거야.

무슨 얘기냐고? 지구에 최초의 생명이 생겨나서 현재의
인류로 진화하기까지 35억 년이 걸렸거든.

### 21세기
20세기가 단선적인 결정론으로 도구를 만들고, 그것이
세계를 지배하는 호모파베르Homo Faber의 시대였다면
21세기는 놀이와 상상, 그리고 창조적 힘으로 끝없이
삶을 허구와 이미지로 충만하게 하는 인간,
호모 픽토르Homo Pictor의 세기라고 할 수 있다.

### 낙지자
근엄하신 공자님께서도 인간의 마지막 이상적인 상태를
낙지자樂之者라고 했지요.
(…)
지지자知之者 머리로 생각하는 사람.
호지자好之者 가슴으로 느끼는 사람.
낙지자樂之者 머리나 가슴이 아니라 온몸으로 사는 사람.
그것이 바로 통합적 인간 '유니버설 맨Universal Man'인
것입니다.

### 쉼표
멋진 생각은 쉼표에서 나온다는 사실, 잊지 마.

## 비움

찻잔을 비워야 따를 수가 있고,
마음을 비워야 가르침을 줄 수가 있는 법.
찻잔을 비우게. 마음을 비우게.
창조란 무엇입니까.
사람들은 채우는 것으로만 생각합니다.
그러나 창조는 비움 속에서 생겨나는 것입니다.

### 머릿속

책상 앞에 앉아서 끙끙댄다고 모든 문제가 다 풀리지는 않아.
멋진 아이디어는 오히려 머릿속을 맑게 비울 때 찾아오는
경우가 더 많지.

### 창조

창조라는 건 사실상 괴로운 것이에요. 사실은 어제 한 걸 오늘
하고 오늘 한 걸 내일 하는 게 제일 편하고 질서가 있어요.
기차처럼 동일한 궤도를 달리니까. 그러나 어제 한 일로
오늘을 살 수 없고 오늘 가지고는 내일을 살 수 없죠.
그래서 창조를 하는 거예요. 어제의 모델이 오늘의 모델이
되고 오늘의 모델이 내일의 모델이 되면 왜 창조해요?
그냥 습관하고 온고지신하고 고정관념, 관습을 그대로
되풀이하면 되는 거예요. 그런데 어제 하던 방식으로는
안 된다는 겁니다.

—

티칭teaching이라 하지 말라. 러닝learning이라 해라. (…)
한국교육은 가정교육이든 민족교육이든 공동체교육이든
푸시push하지 말라. 풀pull을 해라. 끌어내라. (…)
공부하고 싶은데 공부해라 하면 안 하잖아요. 푸시를 풀로
끌어내는, 교육이 아니라 학습, 티칭이 아니라 러닝.
자발적으로 일어나는 게 엄청난 것입니다. 그게 신바람이죠. (…)

그런데 러닝만 해선 안 된다. 티칭, 러닝, 씽킹thinking. 생각을
해야죠. 그다음에 크리에이션creation, 창조를 해야 합니다.
창조 못 하면 우린 죽습니다. 창조력 떨어진 국민들은
남의 노예가 됩니다.

### 프로세스

관심이 천재와 창조의 첫째 조건입니다. (…) 두 번째가
관찰이에요. (…) 관찰은 지적인 것. 분석적인 것입니다.
마지막은 관계, 관계를 만들어야 합니다. (…) 관찰하는 건
아주 이지적이죠. 관심은 호기심에서 나오니 직관적입니다.
(…) 같은 걸 해도 어떤 관계를 갖느냐에서 제각기 다른
목소리를 냅니다. (…) 관심, 관찰, 관계는
프로세스process입니다. (…) 똑같은 결론이라도
프로세스가 있는 결론과 단번에 내는 결론이 다르니까
관찰, 관심, 관계를 파악하기 위해 대화를 시작하라는 겁니다.

### 이미지

우리는 '연필'이 눈앞에 없어도 '연필'이라는 단어를 듣는
순간 연필 이미지를 떠올려. 그저 어떤 이미지를 떠올리는
것만으로도 보고 만지고 들은 것처럼 느낄 수 있어.
이렇게 이미지를 떠올릴 수 있어야 비로소 생각하는 것도
가능해져. 그러니 생각은 이미지로 만든 집이라고 할 수 있지.

### 1밀리미터

1밀리미터를 따지는 시대는 이미 지났습니다. 그것은
컴퓨터가 대부분 해결해줄 것입니다. 물론 1밀리미터를
따져서 안 된다는 것은 아닙니다. 그러나 사람은 컴퓨터가
죽어도 못하는 일을 해야 한다는 것입니다.

### 징검다리

인터넷 검색에서 얻은 지식은 남의 생각입니다. 나의 생각을
만들기 위해서는 정보와 정보를 결합하고 꿰어낼 수 있는
지혜를 키워야 하지요. 그 힘은 바로 사색의 시간을 통해
키울 수 있습니다.
검색과 검색 사이에 사색의 징검다리를 놓으세요.
사색을 통해 얻는 '나의 생각'이 있어야, 우리는 지식의
홍수분 속에서 나에게 정말 필요한 정보와 지식이 무엇인지,
그리고 잘못된 정보의 탁류에 떠내려가지 않는,
내 안의 필터링 장치를 갖게 됩니다.

### 발견

새로운 것을 발견하는 방법은 책에 씌어 있지도 않고 누가
가르쳐주지도 않아. 그 방법을 알아내는 힘은
우리 안에 있으니까 스스로 찾아내기만 하면 되지.

### 대낮

기계기술과 과학기술이라는 것이 얼마나 많은
파괴를 가져왔는지, 38억 년 동안 이어진
생명 질서에 비해 문화, 문명이
얼마나 뒤떨어졌는가를 생각해보면
여러분들은 희망이 생깁니다.
왜? 지금부터 여러분들은 문명의 새 아침 6시쯤
태어난 사람들입니다.
앞으로는 대낮이 있습니다.
그 대낮을 여러분들이 만들라 이겁니다.

### 발명

늘 반복되는 일 속에 무기력하게 빠져 있는 것이 아니라, 그 상황을 이겨내려는 사람만이 독창적인 발명을 할 수 있단다.

### 기회

해결하고 싶은 일이 있다면 절대 그 생각을 내려놓지 말아야 해. 언젠가 너에게도 생각지 못한 '기회'가 찾아올지도 모르니까 말이야.

### 용

뱀을 보고 어린아이가 말해요, "용이다!" 그러자 홍수에 떠내려가던 뱀이 용이 되어 승천했어요. 어린아이는 아무런 선입견이 없어요. 그러니 뱀을 보고 "용이다!" 하니까 진짜로 용이 되어 승천했다는 거예요. 뱀을 보고 용을 만드는 것, 그것이 창조적 상상력, 언어의 힘인 겁니다.

### 홈

하우스house와 홈home은 전혀 다릅니다. 하우스는 벽돌로, 홈은 사랑과 믿음으로 만들어진 거죠. 아무리 기가 막힌 집을 지어도 내 집이 있다고 내 가정이 있는 것은 아닙니다. 어떻게 하우스를 홈으로 만드는가. 집의 하드웨어에 사랑과 믿음이라는 가치의 소프트웨어를 어떻게 집어넣느냐.

### 가치

사랑했던 사람의 연애편지는 남 줘봐야 아무런 가치가
없어요. 하지만 본인에겐 엄청난 가치가 있는 거예요.
가치라는 것은 시장이나 만인의 것이 아니라 그 자체가
갖고 있는 밸류인데 가격이라는 것은 반드시 주관적이 아닌
시장가를 얘기하는 것이기 때문에 밸류value와 프라이스price가
다르다는 거예요.

### 가짜

인간이 있는 곳에 반드시 가짜가 있어요. 왜 가짜가 있느냐,
가치가 있기 때문에 가짜가 있는 것입니다.

### 풀

풀은 무엇인가를 붙이는 접착력이 생명이다. 붙지 않는 풀은
이미 풀이 아니다. 그러나 약품을 잘못 혼합하여 붙었다가도
떨어지는 불량 풀이 만들어졌을 때 3M 같은 메모지용 풀이
발명된 것이다. 떨어지는 풀의 약점과 역기능을 창조적으로
살리면 종래의 접착제와 전혀 다른 신상품이 태어난다.
붙일 수도 뗄 수도 있는 융통성 있는 새로운 풀의 발상은
풀이라는 개념 자체를 바꿔놓았으며, '붙다/떨어지다'의
정반대되는 대립항의 경계와 그 체계를 파괴한다.

**역설**

그릇을 텅 비워야 새 물로 채울 수 있잖아요.
그래서 제가 지금까지 한 이야기도 일단 듣고 나면
이내 지워버리고 자신의 생각으로
가슴을 채워야 합니다.
제 말을 잊어주십시오.
이것이 제가 역설적으로 부탁하고 싶은 말입니다.

### 날다

종이비행기를 날리면 뜨긴 뜨는데 날지는 못해요. 뜨는 건
뭐고 나는 건 뭘까요? 나는 건 뭐고 높이 나는 건 뭘까요? (…)
자기 엔진을 가져야 되고, 떠다니는 것이 아니라 날아야 한다.
그것도 그냥 나는 것이 아니라 높이 높이 날아라,
우리 비행기처럼. (…)
요즘 뜨는 사람 많아요. 배우, 글 쓰는 사람 등등 뜨는 사람
많아요. 그런데 자기 목표가 뚜렷하지 않으면, 자기 엔진이
없으면 금세 고꾸라져요.

### 플라이어

죽은 물고기들은 배를 내밀고 물 위를 떠내려가요. 살아 있는
건 송사리라도 상류로, 상류로 물을 거슬러서 올라가요.
이게 나는 거예요. 뜬 거는 뜬 채 하류로 밀려가요.
잉어가 아니더라도, 등용문 같은 포커스가 아니더라도,
모든 살아 있는 것은 역풍을 맞으면서 역류를 헤치고 나아가는
이게 플라이어, 이것이 나는 거예요. 그러려면 자기만의
튼튼한 엔진을 가져야 돼요. 강력한 엔진을 가져야 돼요.

### 해저

'파도에 밀려 표류하지 말고 바닷속으로 들어가자. 저 깊숙한
현실과 역사의 해저에 닻을 내리자. 바람과 관계없이 진짜

생명이 유영하고 있는 그 바닷속으로 잠수하자.
그러려면 내 몸을 지탱할 수 있는 제2의 피부인 잠수복이
필요할 거다…'
그 잠수복이 바로 나에게는 언어요, 상상력이요,
창조력이요, 예술이라는 생명 장치였던 겁니다.

# 18

## 생명: 모태와 무덤 사이

**생명**

옷은 빌려줄 수도 있고 권력은 이양할 수도 있으며 명예나 돈은 상속할 수도 있어요. 그런데 하나하나의 생명만은 '내 것'이고 또 절대적으로 '남의 것'일 뿐이에요. (…) 죽음 앞에서 나는 언제나 혼자입니다. 그렇기 때문에 생명적인 내 존재를, 홀로 있는 내 존재를 깨닫는 순간 권력이나 돈이나 명예가 모두 부질없는 것으로 보이지요.

—

생명이라고 하는 것은 천천히 익어가는 거예요. 우리가 아무리 급하다고, 밭에서 곡식 늦게 자란다고 뽑아요? 스스로 천천히 가는 게 생명의 특성이라고.

**인간**

인간은 태어날 때 강보에 싸이고, 죽을 때 수의에 싸인다. 우리의 고통과 슬픔과 어려움 등 온갖 고생은 강보에서 수의까지다. 한 조각의 천이 인생의 시작이요 인생의 끝인 것이다. 영어로 어머니의 자궁은 움womb, 무덤은 툼tomb이다. 자궁의 w를 t로 바꾸면 무덤이 된다. 우리는 어머니의 자궁, 모태와 죽음이라고 하는 무덤의 사이에서 잠시 사는 것이다.

**인생**

인생은 두 개의 리듬 속에서 반복한다.

어둠과 대낮의 리듬 속에서 시간이 흘러가듯이.

### 시간

세상에서 가장 정직한 것은 시간이라고 한다. 세상은 또 공평하고 평등해서 특권과 편애를 용서하지 않는다. 부귀영화는 사람에 따라 천차만별이지만, 시간 속에서 탄생하여 시간 속에 죽어갔다. 욕망도 허영도, 그리고 희열도 슬픔도 따지고 보면 시간의 강물 위에 떴다 사라지는 한 방울의 수포水泡에 지나지 않는다.

—

200년은 200년의 하루가 있는 것이지, 200년의 시간이 있는 게 아니야. 오늘 하루, 내가 살아 있기 때문에 할 수 있는 것, 끝없이 시간이 스쳐가는 한순간을 살아가는 데 진력할 뿐이에요.

### 생명력

이제 생명력의 시대가 옵니다. 이것이 종교이고, 예술이고, 감동입니다. 이러한 모든 새로운 것은 살아 있다는 기쁨으로 이어집니다. 여러분이 어느 날 아침, 햇빛이 비칠 때 창문을 열고서 "나는 살아 있다" 하고 평생에 한 번만 행복한 소리를 질러도, 여러분은 이 세상에 태어난 것을 후회하지 않을 겁니다.

힘, 생명의 증거력…. 역도 선수가 무거운 바벨을 추켜세울 때
느끼는 것은 무엇인가? 그것은 쇠의 무게가 아니라 생명력의
무게일 것이다.

### 현실
생명을 가졌기 때문에 죽음이 있습니다. 생명 없는 돌은
죽을 수도 없지요. (…) 생의 기쁨이, 그 영혼이 있기 때문에
죽음의 병이 우리를 파괴하지요. 그것을 우리는 현실이라고
부릅니다.

### 허상
죽음을 전제로 하지 않고 살아가는 생은 전부 가짜 보석과도
같다. 죽음을 잊고 살아가는 사람들, 남은 다 죽어도 자기
혼자만은 천년만년 살 것 같은 착각 속에서 살고 있는
사람들일수록 아침 이슬 물거품의 허상 속에 매달려 산다.
그러나 죽음을 생각하며 살아가는 사람들은 죽음이 와도
여전히 남은 단단한 삶의 가치를 얻기 위해 애쓴다. 어리석은
자는 항상 삶 다음에 죽음이 오지만 현명한 사람은 죽음
다음에 삶이 온다.

### 생애

인간의 한 생애에서 가장 중요한 것은
탄생과 사망이다. 생의 시초와, 그리고 그 생의
마지막보다 대체 더 중요한 의미를 갖고 있는 것이
또 어디에 있을 것인가. 그런데도 우리는
우리의 탄생을 기억할 수 없고 우리들 자신의
죽음을 말할 수가 없다.

### 비밀
죽음은 생의 비밀. 누구나 다 간직하고 있으면서도 서로들
제각기 숨기고 있다는 아이러니….

### 죽음
죽음의 의식 없이는 생명을 느낄 수 없는 것이 인간의
조건입니다.

—

아침저녁으로 죽음을 생각하는 사람은 아름답다.
그 아름다움에 슬픔이 깃들어 있는 것도 그 때문이다.

—

죽음이란 숨이 멈추는 육신의 죽음만을 두고 하는 소리가
아닙니다. 죽음은 손에 잡히는 모든 것과 그 관계 사이에
존재하고 있는 것들이지요. 색채가 있는 것, 형태가 있는 것,
숨쉬는 것. 이 모든 것은 아무리 힘껏 잡아도 손가락 사이로
새어나가는 모래 같은 것이지요.

—

삶이란 생 하나만으로 굴러갈 수 있는 수레가 아니다.
삶과 죽음의, 아니다, 죽음과 삶의 두 바퀴가 있을 때 비로소
굴러가는 수레인 것이다.
지금 우리가 가장 많이 잃은 것이 있다면 그것은 다름 아닌
죽음이다. 죽음이 배제된 문명 속에서는 생명 존중의 싹이

자랄 수가 없다. 그림자 없는 빛처럼 삶은 그 입체성을
상실하고 평면화하고 만다.

### 음성
소리들은 정적 가운데서 무엇인가 사건을 만들어내고 있다.
몸짓과 그 색채에 하나의 소리가 있게 될 때 비로소
사건이 생겨나게 되는 것인지도 모른다. 음성이 있기
전까지는 원시의 혼돈이, 그 침묵만이 사물을 지배한다.

### 출생
종교적 담론이든 예술적 상상이든, 과학자들의 관찰이든
어머니의 몸 안에는 바다가 있었고, 수십억 년 생명의 세월을
그 자궁 안에 품었다. 상상이 되는가. 우리 모두는 너나 할 것
없이 빛의 속도로 질주해도 불가능한 그 길고 긴 우주의 시간,
창세기 때부터 시작된 생명의 여정을 따라 한국 땅에 안착한
사람들이라는 것을.

―

나의 생일날은 내가 선택한 가장 성스러운 날이며, 그것은
바다를 떠나 육지로 상륙한 고난의 기념일이다. 나는 그날
육지를 향해 단신 포복하면서 숨이 막힐 때까지 앞으로
앞으로 전진한다. 엄청난 고통의 터널 끝에 빛이 보이기
시작한다. 물에서 뭍으로 올라오는 순간 막혔던 숨통이

뚫리는 소리가 난다. 그건 수심 10여 미터의 바닷속에서
막판까지 숨을 참던 해녀가 물 위로 올라와 숨을 들이마시는
휘파람 소리 같은 그 '숨비소리'다. 이미 내 아가미는 허파로
변해 있었고, 지느러미는 어느새 손발로 변해 있었다.
진동하는 허파는 바다와 뭍의 바람결을 타고 돛대처럼
깃발처럼 부풀고 있었다. 나는 용감한 해병대요, 숨비소리를
내는 환상의 해녀다. 그게 내 출생을 선언한 '응애'의
울음소리다.

### 유전자

과학자들에 의하면 36억 년 전부터 내려오는 그 신비한
생명체가 기억하는 물고기였던 시절, 도마뱀이었던 시절,
하나의 포유류로서 살았던 시절, 그 모든 기억이 내 몸속에
있고 내 몸속에 있는 유전자들이 후세에 전해지는 겁니다.
죽음은 끝이 아니라는 거죠. 이 생물학적 유전자와
마찬가지로 우리가 남긴 말과 글 속에도, 우리가 사용하고
있는, 아침저녁으로 쓰고 있는 말과 글 속에도 똑같이
문화 유전자가 숨어 있습니다.

### 잡雜

대장균의 DNA는 필요한 염색체만 있는 깨끗한 DNA이지만,
인간들의 DNA는 정크junk라 해서 쓰레기통과 같다고 합니다.

지저분하고 쓸데없는 게 잡것이 많이 들어 있다는 것입니다.
그리고 결과적으로는 인간은 오늘날 이와 같은 진화를 할 수
있었고, 대장균은 지금도 똑같이 완벽하게 깨끗한
대장균이라는 것입니다. 그런 뜻에서 쓰레기통에서 장미가
핀다는 말이 거짓말이 아닌 것 같습니다. 바로 잡에서
생명력이 나오는 것입니다.

### 혈액형
당신들이 이 높은 정상에 이르기 위해서는 당신들
언어의 혈액형이 O형과도 같아야 한다. 당신의 심장으로
당신의 정신만을 키워서는 안 된다. 누구에게나
피를 수혈할 수 있는 그런 혈액형의 언어로, 타인의
언어까지도 길러내야 한다. 모든 빈혈자에게
피를 나눠주는 사람. 편협하지 말거라. 동류同類의 피만을
가리지 말거라.

### 태아
태아들은 세상 밖으로 나오기 위해 양수를 내뱉는 호흡
연습을 하고 뱃속에서부터 발길질하며 걸음마 다리 운동까지
한다. 태어나자마자 젖을 빨기 위해서 미리 손가락부터
빨았다는 사실도 알게 되었다. 이렇게 제 살 궁리를 다 하고
난 다음에야 죽음을 각오하고 출생의 모험 길에 나선다.

깜깜한 암흑 속에서도 빠져나갈 좁은 산도를 용케 찾아
그 방향으로 머리를 튼다. 가끔 다리부터 나오는 녀석이
있지만, 모두 달력도 시계도 학원 선생도 없는 배 안에서 혼자
공부해 출생 예비 고사에 합격한 천재들인 거다.

### 사라지다
'사라져버린 것'과 '없는 것'은 결코 같을 수가 없다. 분명히
우리 앞에 있었던 것, 지금은 없다 해도 분명히 우리 앞에
존재하여, 즐겁게 하고 슬프게 하고 위안과 분노와 모든
욕망을 불러일으키는 것… 생은 그렇게 우리 눈앞에 눈처럼
내리고 있다. 누가 이것을 부정하겠는가? 그러면서도 눈이
녹듯이 생은 언젠가 사라지고 말 것이다.

### 색
생명이, 기쁨이 있는 곳에 (…) 색채를 발하는 마음이 있다.
밤과 죽음과 비극은 색을 거부하고 색을 피하는 것이다.

### 슬픔
이유 없는 슬픔이란 게 있다. 그것은 탄생 이전 먼 태초에
있었던 인간의 슬픔을 회억回憶하는 것이다.

## 집

지상의 집에 들어가기 전, 우리는 어머니의
자궁이라는 집에 삽니다. 이것이 바로 생명의
집입니다. 그러나 육신이 죽으면 '유택幽宅', 무덤에
머뭅니다. 아기집과는 반대로 이건 죽음의
집이지요. 이 둘 사이에 낀 삶이 어찌
온전하겠습니까? 생명의 집에서 벗어나는 순간,
우리 삶은 죽음의 집을 향해 나아갑니다. 인생을
다리로 치자면 아기집과 유택이라는 두 교각
사이에 걸린 흔들리는 다리 같은 것입니다.
흔들리는 다리를 건너가는 것이 얼마나
무섭습니까? 아래를 내려다보면 아득하고 저 앞의
목적지가 하염없이 멀게만 보입니다. 그런데 그
다리에서 우리를 지탱하는 것은 몸집뿐입니다.
흔들리다가 떨어지면 박살이 나버리는 유리그릇
같은 존재입니다. 그게 이 세상에서의 삶입니다.

**소멸**

백남준은 계속 손에 든 달걀 모양의 대리석 돌멩이를 굴리며 무엇인가를 그렸다. 여러 가지 수성펜을 골고루 교체해가며 유치원 아이들이 그림 칠하듯 색칠했다. 그런 행동은 헤어질 때까지 이어진다. "이거 선물로 주려고!" 나는 돌 위에 그려진 그림에 반색하면서 한마디 한다. "왜 수성펜으로 그렸어. 금시 날아갈 텐데." 백남준은 초딩같이 웃으면서 어눌한 말투로 응답한다. "왜 두었다 팔려고?" 지워지는 동안만 즐겨보라는 거였다. 지워지는 것의 아름다움 속에 생명을 담았다는 말이다. 소멸하지 않은 것은 처음부터 살아 있지도 않은 것이다.

**욕망**

우리가 냉장고 몇 개 갖겠어요? (…) 세 대 정도 있으면 더 이상 못 가질 겁니다. 누가 열 대 준다고 해도 놓을 자리 없다고 할 겁니다. 그런데 책은 몇 권까지 가질 수 있을까요? 시집은 몇 권까지 읽어야 만족할까요? 수요 공급이 생명 사업에는 없는 겁니다. (…) 엊그제까지 한 부도 안 팔릴 수도 있고 수천 수억이 팔릴 수도 있다는 것이 산업사회와 다른 겁니다. 산업사회는 수요 공급에 의해서 만들어진 것이지만 생명 산업의 문화 사업은 인간의 욕망을 충족시키느냐 안 하느냐에 따라서 바닥이 없는 것이죠. (…)

사랑, 기쁨, 아름다움은 끝이 없고 그런 시장은 무한정
만들어낼 수 있다는 겁니다. 이러한 자본주의 시대가 왔다는
겁니다.

### 자본주의

인간이 보고하는 논문으로는 안 되는 논문들이, 주석 없는
논문들이 생명의 감동과 우리들의 기쁨이 넘쳐나는 자연 속에
깔려 있다면 여러분은 어떻게 해야겠습니까? 여러분들은 그때
시인이 되셔야 할 것입니다. (…) 과학자들의 자연에 대한
따뜻한 눈초리가 시인과 같은 마음으로 이어지고 시인들이
냉철한 과학자와 같은 눈으로 자연 생태계를 관찰한다면
그때 자연자본주의가 일어날 것이고 그 자연자본주의는
과거에 있었던 어떤 자본주의보다도 인간에게 행복을 약속할
것입니다.

—

생명 장치에 절대적으로 필요한 것, 없으면 죽는 것이
뭡니까? 공기 몇 초만 없으면 죽어요. 이렇게 없으면 금세
죽는 거는 다 공짜입니다. 세상 불가능한 절대적 가치를
가진 것이 다 공짜입니다. (…) 금융 파동으로 금융자본주의가
무너지고 신자유주의가 어려워지고 사회주의는 이미 예전에
붕괴됐고 여기에 대체되는 새로운 자본주의가 나와야 하는데
이것이 바로 자연자본주의라는 겁니다. 즉 기계나 물질이

아닌 지구의 생명 시스템을 자본으로 간주하자는 거죠.
물, 공기 등 모든 것들이 생산의 자본이 됐었는데 우리는
그것을 코스트 제로로 생각해서 생산 시스템 속에서
자연자본을 내버렸다 이겁니다. 이제는 자연자본을
생각하지 않고는 어떤 물질적, 금융적 자본 시스템도
작동하지 않습니다. 이것이 소위 말하는 자연자본주의이고
(…) 라이프 캐피털리즘life capitalism입니다. 지금까지는
리빙 캐피털리즘living capitalism이었습니다. 의식주를 해결하는
것이 자본주의의 목적이고 수단이었지만 이제는 아니죠.
살아 숨 쉬고 기뻐하는 것이 목적입니다.

—

자연의 힘, 생명의 힘 이렇게 큰 걸 이용하지 않고 어떤
파도를 탈 수 있겠어요? 이 엄청난 파도를 타라는 거죠.
그게 생명자본주의이고 그게 기적을 만드는 겁니다.
우리가 무슨 수로 기계로 세계를 재패하고 과학을
제패하겠습니까? 그러나 생명으로는 가능합니다.

—

산업자본주의, 금융자본주의의 기술은 이제 끝이다.
생명기술이 나와야 합니다. 그게 바로 기독교와 같은 사랑을
자본으로 하는 사회, 생명을 자본으로 하는 사회. 그 자본을
넣으면 새로운 생체기술에 의해서 감동, 생명, 환희의
아웃풋이 나오는 겁니다.

### 역逆엔트로피

물리학의 법칙은 모두 죽음으로 향한다.
뉴턴이 제시한 '운동의 3법칙' 즉 관성의 법칙, 가속도의
법칙, 작용·반작용의 법칙만 해도 그러하다. 끓던 것이 식고
움직이던 것이 정지한다. 모든 것이 죽는다. 실로
엔트로피라는 것은 죽음의 구조를 함유하기 마련 아닌가.
그러나 생명에는 또한 정반대의 요소가 함께 있지 않은가.
다시 말해, 역엔트로피를 낳는 것이 또한 생명인 것이다.
그래서 끝없이 돌아간다. 순환 구조다.

### 낙엽

봄에 태어난 나뭇잎은 가을에 낙엽져 사라진다. 나뭇잎이 한
나무등걸에서 돋아났어도 떨어질 때는 제각기 방향도 모르고
흩어져가듯, 인간의 혈육도 같은 생명의 모체에서 탄생했지만
죽음 앞에서는 운명을 같이할 수 없는 것이다.

—

가슴이 아픈 것은 한 가지에서 났으면서도 떨어질 때에는
제각기 서로 향방도 모른 채 뿔뿔이 흩어져 가야 한다는
개체의 외로움이다. 그렇기 때문에 나뭇잎은 그 외로움을 잊기
위해서 가지를 찾고 등걸과 그 뿌리를 찾고자 하는 것이다.

—

낙엽이 홀로 외롭게 지듯이 인간도 홀로 죽어갈 수밖에 없는

존재다. 여기에 낙엽, 그리고 인간의 절대 고독이 있다.

―

나뭇잎이 대지를 향해 낙하하는 그 아름다움을 보라. 분명히
그것은 죽음이지만, 그 '죽음'은 얼마나 아름다운 색채와
율동을 잉태하고 있는 것일까? 도리어 그 죽은 이파리가
여름의 한낮, 생명의 태양 속에서 빛나던 녹색보다도 한층
아름답고 행복한 채색으로 물들어 있는 것은 무슨 까닭일까?
또 폭풍 속에서 나부끼던 그 여름의 나뭇잎들, 땅 위로
낙하하는 저 낙엽보다도 자유롭게 움직여본 일이 있었던가?

―

나뭇잎은 '죽음'의 순간에 완전히 사는 것이다. 태양이 그에게
준 온갖 채색을 겉으로 표현하는 것이며, 바람이 그에게
가르쳐준 율동을 그 순간에 몸소 행동으로 표현하는 것이다.

―

낙엽은 결코 죽지 않는다. 저기에서 저렇게 나뭇잎이
떨어지고 있는 것은 보다 새로운 생이 준비되어가고 있는
목소리이며 저기에서 저렇게 무수한 단풍이 가지각색 빛깔로
물들어가고 있는 것은 나무보다 더 큰 생명의 모태를 영접하는
몸치장인 것이다.

## 카오스

카오스 속에 생명과 진리가 있다. 왜냐하면 경작지처럼,

정리된 들판처럼, 하나의 생명에 밭고랑과 둑을 쌓아 올리려
한 데서 인간들의 편견과 쟁투가 시작되었기 때문이다.
생명은 삼각형을 정의하듯이 그렇게 정의할 수는 없다.

**무**無

공허하고 정적한 이런 겨울도 봄이 되면 색채와 율동, 그리고
생명의 음향들을 탄생시킨다. 침묵하던 숲에서는 지저귀는
새소리가 울려오고, 얼어붙은 강에서는 물의 흐름 소리가
들려온다. 회색의 대지는 일시에 이색으로 물들며,
온갖 향내가 허공을 채운다.
그러나 그러한 음향, 그러한 색채, 그러한 향기는 다시 겨울의
정적과 혼돈 속에 묻혀버리고 만다. 강물은 다시 얼어붙고,
숲은 색채를 상실한다. '무'의 벌판(겨울)에서 생겨난 것들이
다시 '무'의 벌판(겨울)으로 돌아가는 반복. 우리는 겨울에서,
생명의 시원이며 종말인 그 '무'와 '침묵' 그리고 '혼돈'을
느끼게 된다.

**탄생**

미아는 새로운 세상 앞에 홀로 내던져진 것을 알았을 때
울음을 터뜨린다. 그것은 분명히 하나의 탄생임에 틀림없다.
낯선 곳에 대해서 그는 우는 것이다.

—

나라에 따라서 태어나는 아이의 울음소리도 달리 표현된다.
하지만 생물학자의 귀에는 다 똑같이 들린다. 울음소리가
아니라 일종의 호흡 작용으로 듣기 때문이다. (…)
최초의 그 들숨(흡기吸氣)이 생을 마칠 때 내뱉는 마지막
날숨(호기呼氣)으로 이어진다. 일생이 한 호흡인 것을 생각하면
여전히 우리 귀에는 예사롭지 않은 울음소리로 들린다.

―

이 세상에 태어날 때의 그 첫소리가 어째서 울음소리로부터
시작되는가를 이해할 수 있을 것 같다. 애들이 분만될 때,
어째서 즐거운 웃음소리를 내지 않고 비통하며, 고통스러우며
분노에 가까운 울음소리를 터뜨리는가를…. 그때만이 아니라
줄곧 우리는 그런 울음소리를 터뜨리면서 새롭게, 그리고
무수히 수백 번 수천 번이나 태어나는 것이다.
기쁨 속에서만은, 비통 속에서만은, 그리고 또 근육이
꿈틀거리는 외적인 피부의 세계만으로는, 육체를 상실한
그 영혼의 세계만으로는, 하나의 생명이 탄생할 수가 없다.
그 상극하는 두 개의 세계가 맞부딪치면서 휘황한 광채를
던지는 순간, 생명은 장미의 모순처럼 그렇게 피어난다.

―

아이가 태어나 자란다는 것은 크나큰 축복이요 행복이다.
하지만 동시에 그것은 우리 곁을 떠나 홀로 앞으로 나아가는
헤어짐의 긴 과정이기도 하다.

### 우주

우주 자체가 거듭 태어나는 것들의 주기율표와도 같은
것이고, 죽음의 열매 속에 새로운 생명의 씨앗이 들어 있다는
종교의 텍스트와도 같은 것이었습니다.

### 흙

우리가 흙 위에서 산다는 것은, 몇억 년 동안 이 지상에서
살다 간 생명체들 위에서 살고 있다는 말과 같아. 생각해보면
비가 온 뒤에 나는 흙냄새는 바로 생명의 냄새이고, 아득한
우리 선조들의 냄새이고, 고향의 냄새인 셈이지.

—

모래하고 바위밖에 없었던 이 육지에 최초의 유기물인
흙이라고 하는 것은 생명체의 죽음에서 생기는 거예요.
우리는 생명체의 무수한 죽음 위에서 살아갑니다.

### 삶

산다는 것은 곧 소모한다는 것이며 더럽혀져 간다는 것입니다.

—

우리가 살고 있는 인생의 내용이란 어느 조그만 초상집의
풍경과도 같은 것이다. 망자와 생존자 사이에서 벌어지고
있는 우울한 의식, 이 의식의 나날이 곧 우리의 삶이다.

이어령

**돌**

이 세상에는 많은 돌이 있습니다만 똑같이 생긴 돌은 없습니다. 돌이 하나 부서지면 지구는 그 자리가 비는 것입니다. 이게 우리 생명입니다.

**실존**

보통 사람은 언제나 다시 볼 수 있는 것이니까 눈앞에 있는 것들을 그저 무심히 지나쳐버리는 수가 많다. 그러나 죽음을 앞둔 사람들은 그렇지가 않다. 두 번 다시 못 보는 것이기 때문에, 지금 바라보는 그 순간의 시선은 다시 돌아오지 않는 것이기 때문에 물방울 하나에도 녹슨 지붕 위에 비친 햇살과 구름 한 조각이라 할지라도 무심히 바라볼 수가 없을 것이다. 티끌 하나도 온몸으로 느낀다. (…)

더구나 그런 경우 그 대상이 물건이 아니라 사람이라면, 그것이 또 그냥 사람이 아니라 사랑하는 사람이라면, 대체 어떨 것인가. 숨소리 하나, 머리카락 하나 놓치지 않을 것이다. 떨리는 손끝 하나에서도 그 마음을 읽을 수가 있고 작은 속삭임에도 천지가 무너지는 소리를 들을 수 있을 것이다. 주고받는 말, 쳐다보는 눈시울, 두 번 다시 만날 수 없는 순간순간의 그 움직임에 대해서 무엇 하나 무심히 넘기지 못할 것이다. 사람과 사람의 관계는 실존 그 자체로서 나타난다.

### 기다림

'기다린다'는 것은 아름답고도 슬픈 것이다. 그것은 하나의 부조리다. 희망과 절망, 권태와 기대… 설레는 희열이 있는가 하면 어둡고 답답한 환멸이 있다. 서로 모순하는 생의 기도 속에서 '기다림'의 꽃은 핀다.

―

사람의 생애란 하나의 '기다림'이다. 인간은 세상에 태어나면서부터 무엇인가를 기다린다. 어머니의 젖을 기다리는 데서부터 시작하여 임종의 시각까지 크고 작은 기다림의 연속이다. 인류의 역사란 것은 다름 아닌 인류의 기다림에 지나지 않는다. 종교가들이 내세를 기다리는 것이나 사회 개혁가가 지상의 낙원을 이룩하기 위해서 노력하는 것이나 모두가 하나의 '기다림' 속에서 싹튼 역사다.

### 씨앗

씨앗은 꽃이 시들어 떨어진 자리, 색채와 성장이 멈춘 그 끝자리에서만 볼 수가 있습니다. 우리가 그 씨앗들에서 볼 수 있는 것은 현란한 색채도 향내도 아니고 모래알처럼 굳어버린 비생명적인 덩어리입니다. 그러나 이 씨앗이 부드러운 흙에 떨어지고 비를 만나면 다시 꽃이 되고 향기를 풍깁니다.
씨앗은 꽃의 죽음이며 동시에 꽃의 출생입니다.

### 준비

열매들은 꽃의 진정한 죽음들이다. 아무리
향기로운 과일도 끝내는 썩기 시작한다. 그러나
그 동그란 죽음 속에는, 모든 그 과일 속에는
내일의 생명인 씨앗이 박혀 있지 않는가. 그렇다.
부패의 죽음 속에는 언제나 새로운 생명의 세계가
준비되어 있는 것이다.

### 유언

여보게, 날 칭찬해주는 글은 한 줄도 쓸 생각 말게나. 나에게 필요한 건 '용비어천가'가 아니라 나의 유언을 정직하게 적어주는 변호사의 문서라네. 나는 쓰러지겠지. 나의 싸움은 전사의 기록에도 남지 않을 거야. 하지만 그 유언이 정직하게 전달될 수만 있다면, 반드시 언젠가 나와 같은 사람이 칼을 뺄 거야. 그리고 옛날 그 추운 빙하기의 얼음 벌판에서 남쪽 초원을 향해 걸어 나온 바이칼호의 우리 조상들처럼, 넓고 푸르고 따스하기까지 한 풀밭을 발견하게 되겠지.

### 레테강

레테강이란 것이 있다. 그것은 현실의 강이 아니라 신화 속의 강이다. 누구나 건너게 되면 과거의 기억을 잊어버리게 된다는 것이다. 이 망각의 강….
슬프고 외롭고 억울하고 그래도 조금은 기쁘고 조금은 행복했던 인간 만사의 모든 사연들을 백지로 화하게 하는 강….
결국 레테강은 죽음을 의미하는 것이기도 하다.

### 투우

헤밍웨이는 인생을 투우에다 비유했다. 팜플로나의 넓은 광장, 돌진하는 황우 앞에서 투우사는 붉은 물레타를 휘두르고 있다. 스스로 위험과 죽음을 불러일으켜 황우의 뿔을 향해 접근해가는 투우사의 자세. 그는 아무것도 생각하지 않는다.
명예도 돈도 사랑도 생명까지도. 허무를 향해 도전하는
투우사에겐 관중의 박수도 필요 없다. 오직 '죽음과 대결'하는
음악 같은 순수한 영혼이 있을 뿐이다.

### 저항
돌과 흙은 저항을 잃은 생명들의 퇴적이다.

―

저항을 느낄 때 우리는 생명을 느낀다. 쇠락해가는 생명들은
그 저항 속에서 연명해간다.

### 어깨동무
흔히들 죽음을 생의 끝에 있는 것이라고 생각하기 쉽지만
사실은 생과 동시에 어깨동무를 하고 있는 것이라고 말하는
편이 옳을 것입니다. (…) 죽음의 의식이 단순한 쾌락으로,
자포자기의 쾌락으로 흘러버릴 때도 있지만, 그보다는
오히려 잘못된 삶을 깨우쳐주고 반성케 하는 좋은 교사로서
현명한 철인의 구실을 해줄 때가 더 많았다는 것을 잊어서는
안 됩니다.

### 하루
밤과 낮은 하루를 대표하는 두 개의 얼굴이다. 이들은 서로

반동하면서 교체한다. 어둠에서 밝음으로,
밝음에서 어둠으로…. 그래서 끊임없는 밤과 낮의
되풀이 속에 긴 시간이 그리고 하나의 역사가
전개된다.

### 농사

농사를 짓는다는 것은 씨種子가 무엇인가를 배우는
행위인 것이다. 씨를 뿌린다는 것은 성행위와 같은 것이고,
또 동시에 죽음과도 통하는 것이다. 그들은 씨를 뿌리면서
땅속에 묻힌 종자가 다시 싹이 나 재생을 하듯이
사람도 죽으면 땅속에 묻혀 있다가 이 생으로 귀환한다는
낙관주의적 구제론을 몸에 익혔던 것이다. 죽음은 이 생의
최종적인 길목이 아니라는 것을 그들은 씨를 뿌리면서 배웠고
그것을 체험함으로써 유기적 생명의 근본적 단일성을 믿게
되었던 것이다.
모든 곡식의 근원은 한 톨의 씨앗으로 수렴될 수 있다는 것을
안 그들은 조상과 미래의 자손에서 자신의 모습을 읽으려
했던 것이다. 재생과 연속, 이것이 농경민들이 밭에서 배운 삶의
철학이었다.

### 끝

모든 길의 끝에 바다가 있듯이, 모든 시간의 끝에는

죽음의 종말이 있다. 하루의 끝이든, 계절의 끝이든 그리고
한 해의 끝이든. 그것들은 모였다 흩어지는 우리의 작은
죽음들인 것이다.

### 퍼스트 펭귄

그런데 가만히 생각하니까 내가 퍼스트 펭귄이었나?
요즘 와서 생각해보니까 아닌 것 같아.
내가 뛰어든 게 아니라 떠밀린 것 같아.
막 용기 있게 '나 들어간다!' 그랬는데 사실은 뛰어들어가고
싶지 않은데 사람들이 '한국을 대표하는 지성' 어쩌고 하니까
나도 모르게 퍼스트 펭귄인 것처럼 행동하는 것. 이런 희극을
산 게 아닐까.
그런데 요즘은 안 그렇다는 거지. 내가 암에 걸리고,
너 시한부야, 너 오래 못 살아, 하는 그 순간에,
그때부터 시침과 분침이 돌아가는 게 보이는 거야,
그때부터. 내일 있지, 모레 있지, 하는 게 아니라
이게 마지막일지도 몰라, 하니까 요즘에는 목숨 거는 거지.
20대에 남에게 떠밀렸건 우쭐해서 뛰어내렸건 간에 (…)
선두에 서서, 처음으로, 뭐가 있을지 모르는 그 생과 죽음의
경계선으로 뛰어드는 펭귄의 모습은 추락이 아니라
참 아름다워 보일 수밖에 없어.

### 알

생명을 꺼내는 알의 껍데기는 얼마나 단단한가? 적어도
그 껍데기에 금이 가려면, 그래서 그 벽이 무너져 새의
노란 부리와 솜털이 바깥 공기와 접하려면, 무수한
밤과 대낮을 지나야만 한다.
알을 깨서 먹으려는 사람에겐 그 껍데기가 연약하게만
보이지만, 알에서 생명을 꺼내려는 사람에게는 그것이
콘크리트의 벽보다도 두껍고 단단하다.

### 추임새

사랑하는 사람이 세상을 떠나면 슬픔만 남는 것이 아니다.
흔히 자식은 땅이 아니라 가슴에 묻는다고 한다. 틀린 말은
아니지만, 그냥 묻어두는 것만은 아니다. 죽음은 씨앗과도
같은 것이다. 슬픔의 자리에서 싹이 나고 꽃이 피고 떨어진
자리에서 열매를 맺는다. 오히려 살아 있는 사람들보다
우리의 삶을 더 푸르게 하고 풍요롭게 하는 추임새로
돌아온다.

### 계절

추위가 조금씩 풀리고 있다. 한겨울 추위 같아서는 다시 봄이
올 것 같지 않더니 어느새 흰 눈이 덮였던 자리에 아지랑이가
피어오르고 있다. 이 계절의 순환을 믿고 있기 때문에

개구리는 땅속에서 동면을 하고, 화초는 구근 속에서
찬바람을 견딘다.

### 영원

매미는 여름의 한순간을 사는 하잘것없는 곤충입니다. 여름이
지나면 그 소리도 생명도 사라지지요. 그런데 그 매미 소리가
들려오는 바위산의 바위들은 정지된 시간, 태고의 시간
속에서 침묵하고 있습니다.
바위는 폐쇄된 존재의 눈꺼풀입니다. 그 눈꺼풀은 영원히
닫혀 있습니다. 비와 바람의 그 풍화 작용에 대해서 수천 년,
수만 년 동안 저항해온 존재입니다. 시간은 물론이고 어떤
사람도 저 딱딱한 바위 내부로 들어가본 적이 없었던
것입니다.
그 바위 속이란 무엇인가? 변화하지 않는 것, 영원한 것,
굳어 있는 것입니다. 그런데 지금 그 속으로 생생한
매미 소리, 한순간의 그 생명의 소리가 '스며든다'는 것입니다.
마치 비가 부드러운 흙 속으로 스며들듯이 매미 소리가
드릴처럼 그 굳어 있는 바위 속으로 침투해 들어가고 있다는
것이지요. 그럼으로써 비로소 매미 소리는 적막한 침묵으로
바뀌게 되는 것입니다. 바위가 흡수해버리는 매미 소리,
그것은 영원 속에 잠기는 순간의 시간인 것입니다.

—

사람들은 현세적 목적을 위해 온갖 투쟁과 노력을 하고
있지만 거기에서 승리한 자나 패배한 자나 영원이라는
시간에서 보면 악몽과 길몽의 차이밖에 없다.

### 어둠
여러분들은 다 어디에서 태어났습니까? 어머니의 어두운
태내에서 생겨났지요. 여러분의 생명의 근원은 그 어둠
속이었습니다. 우리들이 가난에 시달리고 고난에 시달렸던
그 어둠, 바로 그 어둠으로 인하여 생명의 빛이 온다는 것을
생각한다면 어두웠던 과거, 우리의 과거는 오히려 밝은
미래로 환치될 수도 있습니다.

### 태내
배고픔도 추위도 결핍도 서러움도 없는 공간. 태아를 감싸고
있는 체온은 그 생명의 온도와 일치한다. 에덴이란 바로
이 태내 공간이 아니겠는가.

### 가을하다
단풍이 든다는 것은 곧 겨울의 죽음이 다가온다는 슬픈
신호이다. 가을의 영광에는 서리가 있고 단풍 든 빨갛고 노란
극채색의 화사 속에선 검은 고목의 가지가 있다. 산다는 것과
죽는다는 것이 손등과 손바닥처럼 한몸이 되는 가을.

이 가을은 시가 필요한 것이다.
모든 계절의 언어는 명사로 끝나지만 가을만은 그대로 동사로
쓰이기도 한다. '가을하다'는 말이 그렇지 않은가.
거두어들이는 것. 들판에 있는 것을 나의 곳간으로, 항아리로
거두어들이는 것. 가을은 밖에 있는 것을 안으로 끌어들이는
인칭 없는 동사인 것이다.

### 신록

생명감을 상징하는 빛깔은 무엇일까? 그것은 두말할 것
없이 녹색이다. 녹색에는 신선한 생기의 율동과 희망의
함성 같은 것이 숨어 있다. 그렇기에 신록의
5월이 되면 삶에 대한 강렬한 충동을 받게 된다.
회색의 대지에서 용솟음치는 생의 희열….

### 근원

우리들의 삶이라는 것은 시간 속에서 태어나고
시간 속에서 죽고, 우리들의 기억도 아무리 슬픈 이별도
시간이 지나가면 잊히고 맙니다. 그러나 이러한 시간들이
마지막 가는 곳이 어디인가 궁금할 때는 이렇게
생각하시길 바랍니다. 즉 생명의 근원이란 무엇인가?
우리는 곧 헤어지고 사라질지 모르지만, 우리들 생명의 근원은
뿌리처럼 따뜻한 땅속에 묻혀 있습니다.

### 율동

생은 율동 속에서 전진한다. 썰물과 밀물의 파도처럼 시간도
율동의 호흡을 지니고 있다. 밤이 지나면 낮이 오고 낮이 가면
밤이 온다. 그러다가 다시 계절은 바람과 함께 변하여 가고
한 해가 바뀌는 것이다. 뜰 아래 핀 한 송이 꽃이 어느덧
그 색채를 잃고 시들어버리는가 하면, 삭풍 속에서 메말랐던
나뭇가지에 파란 움이 트기도 한다. 잃고 얻고 보내고
맞이하다가 세월은 하나의 연륜을 그린다.

### 메멘토 모리

목숨은 태어날 때부터
죽음의 기저귀를 차고 나온다
아무리 부드러운 포대기로 감싸도
수의壽衣의 까칠한 촉감은 감출 수가 없어
잠투정을 하는 아이의 이유를 아는가

### 발자국

모든 생명은 흙에서 태어나 흙으로 돌아간다.
인간을 이 흙과 깊이 연결하는 것이 다름 아닌 발이다.
나무로 치면 발은 뿌리다. 대지에 찍힌 인간의 발자국은
인간이 자연적 존재임을 인정하고 확인하는 도장이다.

**나무**

동물은 추악하게 늙어가는 데 비해
나무(식물)는 아름답고 개성 있게 늙어간다.
되풀이해서 말하면, 동물은 늙을수록 형태가
무너져가고 나무는 늙어갈수록 그 형태를
완성해간다.

**양극**

'빛과 어둠' '더위와 추위' '높은 것과 낮은 것'…. 인간의 의식을 파헤쳐보면, 이렇게 모든 것이 양극으로 분절되어 있으며, 그것이 교환·융합하는 데서 생성의 변화가 일어나게 된다는 사실을 알 수 있다. 그러므로 이항 대립 구조의 궁극에 있는 것은 '생'과 '사'라는 형<sup>型</sup>인 셈이다.

**두려움**

원시인들은 밤을 두려워했다. 그것은 죽음을 예감하는 본능의 언어였기 때문이다.

**소리**

소리는 생명의 증거다. 무기물이라 하더라도 그것이 소리를 내고 부서질 때는 살아 있는 생물처럼 보인다. 현실에서 소리를 빼내면 그것은 유리 상자에 갇혀버린 미라가 되어버린다.

**빛**

빛이여, 10월의 야윈 벌판을 가로지르는 빛이여, 너는 너의 운명을 알고 있다. 빛의 근원 속에 있는 것은 하나의 어둠이라는 것을 알고 있다. 존재하는 모든 것은 어찌해서 너를 갈망하는가. 우리가 하나의 빛이 되기 위해서는 불꽃

속에서 타오르지 않으면 안 된다. 타오른다는 것은 소모해서
없어진다는 것이며, 그 형체도 그 본질도 시간과 더불어
사라져가고 있다는 것을 의미한다. 몸살을 앓듯이 뜨거운
열기 속에서만 비로소 우리는 휘황한 빛으로
변할 수가 있는 것이다.

### 탯줄

우리는 모두 어머니와 한몸이었다. 어머니의 뱃속에서
탯줄로 연결되어 있었다. 심지어 이 세상에 태어났을 순간만
하더라도 어머니와 우리는 탯줄로 이어져 있었다.
그런데 탯줄을 가만히 두면 죽는다. 그래서 잘라낸다.
우리들의 출생은 이별에서부터 시작했다.
우리가 태어난다는 것은 어머니와 나 사이를 이어주고 있는
탯줄을 끊는 것이다.

### 유산

옛날에 뭐라 그랬어요? 호랑이는 죽어서 가죽을 남기고
인간은 죽어서 명예를 남긴다. 그것도 우스운 얘기지. 명예를
남기면 뭐할 거야. 나는 뭘 남기고 싶냐. 말을 남기고 가자.
사실 진실한 그 사람의 목소리가 담긴 것은 말이다.
그래서 내가 없는 세상에는 글보다도 생생한 내 육성의
유언과 같은 말을 남기자. 이어령이 내가 없는 세상에

남겨두고 싶은 한국인들의 재산, 말의 재산인 영혼의, 정신의,
마음의, 모든 가치의, 끝없이 생산할 수 있는 사상의 알,
생각의 씨. 이것을 남겨두고 싶다.

### 도전
죽음에 도전할 줄 아는 투우사만이 투우사다.
죽음에 도전할 줄 아는 작가만이 작가이다.
죽음에 도전할 줄 아는 인간만이 인간이다.

### 직면
정신의 생명은 죽음 앞에서 두려워하지 않으며
후퇴도 하지 않는다.

### 순간
이 순간이 지나면 다시 이런 시간은 오지 않으며,
우리는 그 순간순간에 죽습니다.

## 오늘

어제라는 말 속에 오늘이라는 살아 있는 그 시간이
생생하게 떠오릅니다. 늘 보던 태양, 집, 산,
작은 풀들, 복어국을 먹고 다음 날 아침에 깬
눈으로 보면 모든 것이 신선하고 아름답습니다.
생은 생으로서가 아니라 죽음과 마주쳤을 때
더욱 그 향기와 긴장을 더하는 것입니다. 마치
어둠을 통해서 빛을 보았을 때 더욱 그것이
찬란한 것처럼 말입니다.

# 나의 나뭇잎이 흔들릴 때

나의 나뭇잎이 흔들릴 때
숨어답 가야하는가를 들었다
지금 창밖에서 나뭇잎은 떨어진다
홀고 거친 흙들으로 향하는 나뭇잎들을 보며

낙하지 않다
나의 나뭇잎에 흔들릴 때
지금 꼭 무거웠지만
떠나왔을때에 잘 있거라 잘가라
사랑을 잘하고 떠나야 한다
                    이어령 짓고 얼옥상쓰다

## 색인

*단행본에 한해 기재했으며, 단어당 출처가 여러 개인 경우 가나다순으로 밝혔다.

### ㄱ

| | | |
|---|---|---|
| 가난 | 167 | 『하나의 나뭇잎이 흔들릴 때·현대인이 잃어버린 것들』, 21세기북스 2023. |
| | 230 | 『하나의 나뭇잎이 흔들릴 때·현대인이 잃어버린 것들』, 21세기북스 2023. |
| 가능성 | 227 | 『뜻으로 읽는 한국어사전·신화 속의 한국정신』, 21세기북스 2023. |
| 가불 | 265 | 『젊은이여 한국을 이야기하자』, 21세기북스 2023. |
| 가을 | 96 | 『읽고 싶은 이어령』, 여백 2021. / 『차 한 잔의 사상』, 21세기북스 2023. |
| 가을하다 | 336 | 『말로 찾는 열두 달·거부하는 몸짓으로 이 젊음을』, 21세기북스 2023. |
| 갇히다 | 282 | 『다시 한번 날게 하소서』, 성안당 2022. |
| 갈매기 | 11 | 『60 PEOPLE 60 KOREA 2』, 서강애드넷 2009. |
| 감각 | 23 | 『눈물 한 방울』, 김영사 2022. |
| | 124 | 『흙 속에 저 바람 속에·오늘보다 긴 이야기』, 21세기북스 2023. |
| 감기 | 233 | 『어머니를 위한 여섯 가지 은유』, 열림원 2022. |
| 강 | 96 | 『기업과 문화의 충격』, 21세기북스 2023. |
| 강약 | 243 | 『나, 너 그리고 나눔』, 21세기북스 2023. |
| 개나리 | 86 | 『뜻으로 읽는 한국어사전·신화 속의 한국정신』, 21세기북스 2023. |
| 개별성 | 136 | 『기업과 문화의 충격』, 21세기북스 2023. |
| 개혁 | 121 | 『뜻으로 읽는 한국어사전·신화 속의 한국정신』, 21세기북스 2023. |
| | 172 | 『말 속의 말』, 두산동아 1996. |
| 개화 | 92 | 『말로 찾는 열두 달·거부하는 몸짓으로 이 젊음을』, 21세기북스 2023. |
| 거꾸로 | 23 | 『눈물 한 방울』, 김영사 2022. |
| 거시기 머시기 | 66 | 『거시기 머시기』, 김영사 2022. |
| 거의 | 22 | 『눈물 한 방울』, 김영사 2022. |
| 거짓말 | 236 | 『하나의 나뭇잎이 흔들릴 때·현대인이 잃어버린 것들』, 21세기북스 2023. |
| 검색 | 256 | 『짧은 이야기, 긴 생각』, 아이스크림미디어 2014. |
| 겨울 | 103 | 『뉴에이스 문장사전』, 금성출판사 2004. / 『생명이 자본이다』, 마 |

| | | |
|---|---|---|
| | | 로니에북스 2013. /『하나의 나뭇잎이 흔들릴 때·현대인이 잃어버린 것들』, 21세기북스 2023. |
| 결혼 | 270 | 『나, 너 그리고 나눔』, 21세기북스 2023. |
| 경솔 | 240 | 『뉴에이스 문장사전』, 금성출판사 2004. |
| 경쟁 | 214 | 『상상 놀이터, 자연과 놀자』, 푸른숲주니어 2009. |
| 경험 | 257 | 『지성과 영성의 만남』, 홍성사 2012. |
| 계절 | 112 | 『차 한 잔의 사상』, 21세기북스 2023. |
| | 334 | 『읽고 싶은 이어령』, 여백 2021. |
| 고독 | 30 | 『눈물 한 방울』, 김영사 2022. |
| | 190 | 『뉴에이스 문장사전』, 금성출판사 2004. |
| 고동 소리 | 10 | 『짧은 이야기, 긴 생각』, 아이스크림미디어 2014. |
| 고정관념 | 289 | 『생각 깨우기』, 푸른숲주니어 2009. |
| 고향 | 151 | 『나를 찾는 술래잡기』, 문학사상 1994. |
| 곡선 | 81 | 『흙 속에 저 바람 속에·오늘보다 긴 이야기』, 21세기북스 2023. |
| | 166 | 『읽고 싶은 이어령』, 여백 2021. |
| 공간 | 42 | 『다시 한번 날게 하소서』, 성안당 2022. |
| 공감 | 9 | 『작별』, 성안당 2022. |
| 공부 | 55 | 『우리는 무엇으로 행복해지나』, 프런티어 2016. |
| 공생 | 94 | 『뜻으로 읽는 한국어사전·신화 속의 한국정신』, 21세기북스 2023. |
| 공장 | 159 | 『젊은이여 한국을 이야기하자』, 21세기북스 2023. |
| 공해 | 186 | 『뜻으로 읽는 한국어사전·신화 속의 한국정신』, 21세기북스 2023. |
| 과거 | 265 | 『젊은이여 한국을 이야기하자』, 21세기북스 2023. |
| 관계 | 9 | 『뜨자, 날자 한국인』, 푸른숲주니어 2009. |
| 관광 | 139 | 『뉴에이스 문장사전』, 금성출판사 2004. /『바람이 불어오는 곳』, 21세기북스 2023. |
| 관습 | 132 | 『말로 찾는 열두 달·거부하는 몸짓으로 이 젊음을』, 21세기북스 2023. |
| 관점 | 240 | 『젊음의 탄생』, 마로니에북스 2013. |
| 광고 | 184 | 『하나의 나뭇잎이 흔들릴 때·현대인이 잃어버린 것들』, 21세기북스 2023. |
| 교육 | 142 | 『젊은이여 한국을 이야기하자』, 21세기북스 2023. |
| | 245 | 『뜻으로 읽는 한국어사전·신화 속의 한국정신』, 21세기북스 2023. /『이어령, 80년 생각』, 위즈덤하우스 2021. |
| 구름 | 84 | 『말로 찾는 열두 달·거부하는 몸짓으로 이 젊음을』, 21세기북스 |

| | | |
|---|---|---|
| | | 2023. |
| 국격 | 51 | 『대한민국 국격을 생각한다』, 올림 2010. |
| 국물 | 65 | 『김치 천년의 맛』, 디자인하우스 2001. |
| 국어 | 130 | 『뉴에이스 문장사전』, 금성출판사 2004. |
| 국화 | 87 | 『차 한 잔의 사상』, 21세기북스 2023. |
| 굴뚝 | 189 | 『뜻으로 읽는 한국어사전·신화 속의 한국정신』, 21세기북스 2023. |
| 굶주림 | 19 | 『짧은 이야기, 긴 생각』, 아이스크림미디어 2014. |
| 권력자 | 187 | 『푸는 문화 신바람의 문화·문화 코드』, 21세기북스 2023. |
| 권위 | 129 | 『뉴에이스 문장사전』, 금성출판사 2004. |
| 균형 | 212 | 『생각을 달리자』, 푸른숲주니어 2009. |
| 그글피 | 44 | 『60 PEOPLE 60 KOREA 2』, 서강애드넷 2009. |
| 그냥 | 11 | 『생각 깨우기』, 푸른숲주니어 2009. |
| | 66 | 『새 천년의 한국 문화, 다른 것이 아름답다』, 이화여자대학교출판부 1999. |
| 그래도 | 154 | 『짧은 이야기, 긴 생각』, 아이스크림미디어 2014. |
| 그레이 존 | 41 | 『한국의 명강의』, 마음의숲 2009. |
| 근원 | 337 | 『젊은이여 한국을 이야기하자』, 21세기북스 2023. |
| 금속 | 61 | 『생각이 뛰어노는 한자』, 푸른숲주니어 2009. |
| 긍정 | 223 | 『인문학 콘서트 3』, 이숲 2011. |
| 긍정어 | 43 | 『거시기 머시기』, 김영사 2022. |
| 기 | 94 | 『뜻으로 읽는 한국어사전·신화 속의 한국정신』, 21세기북스 2023. |
| 기다림 | 328 | 『뉴에이스 문장사전』, 금성출판사 2004. |
| 기대 | 235 | 『하나의 나뭇잎이 흔들릴 때·현대인이 잃어버린 것들』, 21세기북스 2023. |
| 기러기 | 45 | 『눈물 한 방울』, 김영사 2022. |
| 기업인 | 175 | 『기업과 문화의 충격』, 21세기북스 2023. |
| 기준 | 262 | 『일본문화와 상인정신』, 21세기북스 2023. |
| 기차 | 16 | 『작별』, 성안당 2022. |
| 기호 | 117 | 『푸는 문화 신바람의 문화·문화 코드』, 21세기북스 2023. |
| 기회 | 260 | 『너 누구니』, 파람북 2022. |
| | 301 | 『누가 맨 먼저 생각했을까』, 푸른숲주니어 2009. |
| 길 | 53 | 『다시 한번 날게 하소서』, 성안당 2022. |
| | 229 | 『하나의 나뭇잎이 흔들릴 때·현대인이 잃어버린 것들』, 21세기북스 2023. |

| | | |
|---|---|---|
| 깊이 | 264 | 『뉴에이스 문장사전』, 금성출판사 2004. |
| 꽃 | 109 | 『뉴에이스 문장사전』, 금성출판사 2004. / 『말로 찾는 열두 달·거부하는 몸짓으로 이 젊음을』, 21세기북스 2023. / 『어느 무신론자의 기도』, 열림원 2016. |
| 꿈 | 21 | 『눈물 한 방울』, 김영사 2022. |
| | 132 | 『푸는 문화 신바람의 문화·문화 코드』, 21세기북스 2023. |
| | 268 | 『차 한 잔의 사상』, 21세기북스 2023. |
| 끝 | 332 | 『읽고 싶은 이어령』, 여백 2021. |

## ㄴ

| | | |
|---|---|---|
| 나목 | 97 | 『말로 찾는 열두 달·거부하는 몸짓으로 이 젊음을』, 21세기북스 2023. |
| 나무 | 339 | 『하나의 나뭇잎이 흔들릴 때·현대인이 잃어버린 것들』, 21세기북스 2023. |
| 나뭇잎 | 95 | 『차 한 잔의 사상』, 21세기북스 2023. |
| 낙엽 | 321 | 『뉴에이스 문장사전』, 금성출판사 2004. / 『말 속의 말』, 두산동아 1996. / 『어머니와 아이가 만드는 세상·시와 함께 살다』, 21세기북스 2023. |
| 낙지자 | 239 | 『우물을 파는 사람』, 두란노 2012. |
| | 294 | 『짧은 이야기, 긴 생각』, 아이스크림미디어 2014. |
| 낙타 | 229 | 『말로 찾는 열두 달·거부하는 몸짓으로 이 젊음을』, 21세기북스 2023. |
| 날개 | 261 | 『뜻으로 읽는 한국어사전·신화 속의 한국정신』, 21세기북스 2023. |
| 날다 | 304 | 『작별』, 성안당 2022. |
| 내막 | 250 | 『뉴에이스 문장사전』, 금성출판사 2004. |
| 내버려두다 | 213 | 『튼튼한 지구에서 살고 싶어』, 푸른숲주니어 2009. |
| 내일 | 244 | 『뉴에이스 문장사전』, 금성출판사 2004. / 『젊은이여 한국을 이야기하자』, 21세기북스 2023. / 『지성에서 영성으로』, 열림원 2017. |
| 넘어서다 | 126 | 『진리는 나그네·노래여 천년의 노래여』, 21세기북스 2023. |
| 노동 | 233 | 『젊은이여 한국을 이야기하자』, 21세기북스 2023. / 『지성에서 영성으로』, 열림원 2017. |
| 노래 | 141 | 『진리는 나그네·노래여 천년의 노래여』, 21세기북스 2023. |

| | | |
|---|---|---|
| 노숙자 | 10 | 『눈물 한 방울』, 김영사 2022. |
| 노여움 | 218 | 『노한 젊은 세대』, 민예사 1986. |
| 노왓 | 170 | 『기업과 문화의 충격』, 21세기북스 2023. |
| 노인 | 267 | 『젊은이여 한국을 이야기하자』, 21세기북스 2023. / 『하나의 나뭇잎이 흔들릴 때·현대인이 잃어버린 것들』, 21세기북스 2023. |
| 농부 | 174 | 『하나의 나뭇잎이 흔들릴 때·현대인이 잃어버린 것들』, 21세기북스 2023. |
| 농사 | 107 | 『뉴에이스 문장사전』, 금성출판사 2004. |
| | 332 | 『젊은이여 한국을 이야기하자』, 21세기북스 2023. |
| 눈 | 85 | 『뉴에이스 문장사전』, 금성출판사 2004. / 『차 한 잔의 사상』, 21세기북스 2023. |
| 눈물 | 8 | 『눈물 한 방울』, 김영사 2022. |
| 눈빛 | 196 | 『거시기 머시기』, 김영사 2022. |
| 눈치 | 249 | 『흙 속에 저 바람 속에·오늘보다 긴 이야기』, 21세기북스 2023. |

## ㄷ

| | | |
|---|---|---|
| 다스리다 | 152 | 『이어령의 삼국유사 이야기』, 서정시학 2011. |
| 단절 | 171 | 『기업과 문화의 충격』, 21세기북스 2023. |
| | 239 | 『어머니를 위한 여섯 가지 은유』, 열림원 2022. |
| 달 | 62 | 『거시기 머시기』, 김영사 2022. |
| | 101 | 『차 한 잔의 사상』, 21세기북스 2023. |
| 달걀 | 8 | 『작별』, 성안당 2022. |
| | 174 | 『뉴에이스 문장사전』, 금성출판사 2004. |
| 달력 | 278 | 『차 한 잔의 사상』, 21세기북스 2023. |
| 답 | 200 | 『거시기 머시기』, 김영사 2022. |
| 답다 | 233 | 『말 속의 말』, 두산동아 1996. |
| 대륙 | 15 | 『다시 한번 날게 하소서』, 성안당 2022. |
| 대립 | 147 | 『뜻으로 읽는 한국어사전·신화 속의 한국정신』, 21세기북스 2023. / 『일본문화와 상인정신』, 21세기북스 2023. |
| 대중사회 | 181 | 『말로 찾는 열두 달·거부하는 몸짓으로 이 젊음을』, 21세기북스 2023. / 『짧은 이야기, 긴 생각』, 아이스크림미디어 2014. |
| 도덕 | 9 | 『작별』, 성안당 2022. |
| 도시 | 133 | 『바람이 불어오는 곳』, 21세기북스 2023. / 『이어령의 보자기 인문학』, 마로니에북스 2015. |

| | | |
|---|---|---|
| | 158 | 『이어령의 지의 최전선』, 아르테 2016. |
| 도장 | 148 | 『뜻으로 읽는 한국어사전·신화 속의 한국정신』, 21세기북스 2023. |
| 도전 | 342 | 『진리는 나그네·노래여 천년의 노래여』, 21세기북스 2023. |
| 독백 | 253 | 『이어령의 책 한 권에 담긴 뜻』, 국학자료원 2022. |
| 독불장군 | 246 | 『이어령의 지의 최전선』, 아르테 2016. |
| 독자성 | 82 | 『읽고 싶은 이어령』, 여백 2021. |
| 돈 | 21 | 『눈물 한 방울』, 김영사 2022. |
| | 164 | 『이어령의 마지막 수업』, 열림원 2021. /『흙 속에 저 바람 속에·오늘보다 긴 이야기』, 21세기북스 2023. |
| | 203 | 『생각이 뛰어노는 한자』, 푸른숲주니어 2009. |
| 동면 | 109 | 『생명이 자본이다』, 마로니에북스 2013. |
| 동물 | 107 | 『뉴에이스 문장사전』, 금성출판사 2004. |
| 동요 | 190 | 『뉴에이스 문장사전』, 금성출판사 2004. /『하나의 나뭇잎이 흔들릴 때·현대인이 잃어버린 것들』, 21세기북스 2023. |
| 두 다리 | 122 | 『말로 찾는 열두 달·거부하는 몸짓으로 이 젊음을』, 21세기북스 2023. |
| 두려움 | 340 | 『하나의 나뭇잎이 흔들릴 때·현대인이 잃어버린 것들』, 21세기북스 2023. |
| 드라마 | 277 | 『하나의 나뭇잎이 흔들릴 때·현대인이 잃어버린 것들』, 21세기북스 2023. |
| 땀 | 249 | 『뉴에이스 문장사전』, 금성출판사 2004. |
| 땅 | 81 | 『뉴에이스 문장사전』, 금성출판사 2004. |
| 떫다 | 252 | 『뉴에이스 문장사전』, 금성출판사 2004. |
| 뜸 | 181 | 『젊은이여 한국을 이야기하자』, 21세기북스 2023. |

## ㄹ

| | | |
|---|---|---|
| 라이벌 | 184 | 『일본문화와 상인정신』, 21세기북스 2023. |
| 라이프 | 58 | 『인문학 콘서트 2』, 이숲 2010. |
| 레테강 | 330 | 『차 한 잔의 사상』, 21세기북스 2023. |

ㅁ

| 마라톤 | 271 | 『뉴에이스 문장사전』, 금성출판사 2004. |
| --- | --- | --- |
| 마약 | 190 | 『뉴에이스 문장사전』, 금성출판사 2004. |
| 마음 | 17 | 『너 정말 우리말 아니?』, 푸른숲주니어 2009. / 『작별』, 성안당 2022. |
| 마지막 | 29 | 『눈물 한 방울』, 김영사 2022. |
| 망각 | 159 | 『진리는 나그네·노래여 천년의 노래여』, 21세기북스 2023. |
| | 201 | 『한국의 명문』, 월간조선사 2001. |
| 맞아떨어지다 | 200 | 『뜨자, 날자 한국인』, 푸른숲주니어 2009. |
| 매력 | 211 | 『글로벌 시대의 한국과 한국인』, 아카넷 2007. |
| 매미 | 27 | 『상상 놀이터, 자연과 놀자』, 푸른숲주니어 2009. |
| 매체 | 129 | 『하나의 나뭇잎이 흔들릴 때·현대인이 잃어버린 것들』, 21세기북스 2023. |
| 맷돌 | 150 | 『뉴에이스 문장사전』, 금성출판사 2004. |
| 머리카락 | 210 | 『멋과 미』, 삼성출판사 1992. |
| 머릿속 | 296 | 『누가 맨 먼저 생각했을까』, 푸른숲주니어 2009. |
| 먹거리 | 204 | 『작별』, 성안당 2022. |
| 먼지 | 237 | 『말로 찾는 열두 달·거부하는 몸짓으로 이 젊음을』, 21세기북스 2023. |
| 멋 | 151 | 『흙 속에 저 바람 속에·오늘보다 긴 이야기』, 21세기북스 2023. |
| 메멘토 모리 | 338 | 『어느 무신론자의 기도』, 열림원 2016. |
| 메이비 | 239 | 『젊음의 탄생』, 마로니에북스 2013. |
| 면 | 32 | 『눈물 한 방울』, 김영사 2022. |
| 모란 | 106 | 『뉴에이스 문장사전』, 금성출판사 2004. |
| 모래 | 76 | 『눈물 한 방울』, 김영사 2022. |
| 모레 | 52 | 『동창이 밝았느냐』, 동화출판사 1993. |
| 모순어 | 72 | 『짧은 이야기, 긴 생각』, 아이스크림미디어 2014. |
| 모조품 | 249 | 『하나의 나뭇잎이 흔들릴 때·현대인이 잃어버린 것들』, 21세기북스 2023. |
| 모험 | 275 | 『진리는 나그네·노래여 천년의 노래여』, 21세기북스 2023. / 『하나의 나뭇잎이 흔들릴 때·현대인이 잃어버린 것들』, 21세기북스 2023. |
| 모험가 | 242 | 『진리는 나그네·노래여 천년의 노래여』, 21세기북스 2023. |
| 목소리 | 229 | 『말로 찾는 열두 달·거부하는 몸짓으로 이 젊음을』, 21세기북스 |

| | | |
|---|---|---|
| | | 2023. |
| 목적 | 69 | 『우리는 무엇으로 행복해지나』, 프런티어 2016. |
| 목적지 | 228 | 『이어령의 책 한 권에 담긴 뜻』, 국학자료원 2022. |
| 목화 | 102 | 『뉴에이스 문장사전』, 금성출판사 2004. |
| 몰개성 | 141 | 『말로 찾는 열두 달·거부하는 몸짓으로 이 젊음을』, 21세기북스 2023. |
| 몸 | 243 | 『너 어디에서 왔니』, 파람북 2020. |
| 무 | 323 | 『어머니와 아이가 만드는 세상·시와 함께 살다』, 21세기북스 2023. |
| 무늬 | 248 | 『말로 찾는 열두 달·거부하는 몸짓으로 이 젊음을』, 21세기북스 2023. |
| 무릎 | 235 | 『말로 찾는 열두 달·거부하는 몸짓으로 이 젊음을』, 21세기북스 2023. |
| 무지개 | 27 | 『눈물 한 방울』, 김영사 2022. |
| | 122 | 『말로 찾는 열두 달·거부하는 몸짓으로 이 젊음을』, 21세기북스 2023. /『생각을 달리자』, 푸른숲주니어 2009. |
| 무한 | 80 | 『뜻으로 읽는 한국어사전·신화 속의 한국정신』, 21세기북스 2023. /『하나의 나뭇잎이 흔들릴 때·현대인이 잃어버린 것들』, 21세기북스 2023. |
| 문명 충돌 | 50 | 『글로벌 시대의 한국과 한국인』, 아카넷 2007. |
| 문자 | 46 | 『거시기 머시기』, 김영사 2022. |
| 문화 | 116 | 『이어령, 80년 생각』, 위즈덤하우스 2021. /『지성과 영성의 만남』, 홍성사 2012. |
| 문화유산 | 153 | 『나, 너 그리고 나눔』, 21세기북스 2023. |
| 문화주의 | 135 | 『기업과 문화의 충격』, 21세기북스 2023. |
| 물고문 | 129 | 『이어령, 80년 생각』, 위즈덤하우스 2021. |
| 물질 | 100 | 『생명이 자본이다』, 마로니에북스 2013. |
| 미각 | 61 | 『한국의 명강의』, 마음의숲 2009. |
| 미녀 | 205 | 『멋과 미』, 삼성출판사 1992. |
| 미담 | 188 | 『차 한 잔의 사상』, 21세기북스 2023. |
| 미래 | 125 | 『너 어디에서 왔니』, 파람북 2020. |
| 미로 | 246 | 『너 어디에서 왔니』, 파람북 2020. |
| 미완 | 153 | 『뜻으로 읽는 한국어사전·신화 속의 한국정신』, 21세기북스 2023. |

ㅂ

| | | |
|---|---|---|
| 바늘 | 271 | 『말로 찾는 열두 달·거부하는 몸짓으로 이 젊음을』, 21세기북스 2023. |
| 바다 | 85 | 『뉴에이스 문장사전』, 금성출판사 2004. |
| 바람 | 18 | 『눈물 한 방울』, 김영사 2022. |
| 바람개비 | 268 | 『기업과 문화의 충격』, 21세기북스 2023. / 『이어령의 책 한 권에 담긴 뜻』, 국학자료원 2022. |
| 바보 | 231 | 『말로 찾는 열두 달·거부하는 몸짓으로 이 젊음을』, 21세기북스 2023. |
| 박수 | 22 | 『눈물 한 방울』, 김영사 2022. |
| 박애 | 211 | 『눈물 한 방울』, 김영사 2022. |
| 반대어 | 160 | 『읽고 싶은 이어령』, 여백 2021. |
| 반도성 | 52 | 『작별』, 성안당 2022. |
| 발견 | 298 | 『뜨자, 날자 한국인』, 푸른숲주니어 2009. |
| 발명 | 301 | 『누가 맨 먼저 생각했을까』, 푸른숲주니어 2009. |
| 발자국 | 338 | 『다시 한번 날게 하소서』, 성안당 2002. |
| 발효식 | 63 | 『김치 천년의 맛』, 디자인하우스 2001. |
| 밤 | 187 | 『하나의 나뭇잎이 흔들릴 때·현대인이 잃어버린 것들』, 21세기북스 2023. |
| | 279 | 『하나의 나뭇잎이 흔들릴 때·현대인이 잃어버린 것들』, 21세기북스 2023. |
| 밥 | 136 | 『뉴에이스 문장사전』, 금성출판사 2004. |
| 방관자 | 180 | 『뜻으로 읽는 한국어사전·신화 속의 한국정신』, 21세기북스 2023. |
| 방랑 | 250 | 『뉴에이스 문장사전』, 금성출판사 2004. |
| 방망이 | 51 | 『다시 한번 날게 하소서』, 성안당 2022. |
| 배우 | 260 | 『뜻으로 읽는 한국어사전·신화 속의 한국정신』, 21세기북스 2023. |
| 백지 | 36 | 『거시기 머시기』, 김영사 2022. |
| | 212 | 『다시 한번 날게 하소서』, 성안당 2022. |
| 버튼 | 162 | 『흙 속에 저 바람 속에·오늘보다 긴 이야기』, 21세기북스 2023. |
| 벽 | 74 | 『다시 한번 날게 하소서』, 성안당 2022. |
| | 262 | 『말로 찾는 열두 달·거부하는 몸짓으로 이 젊음을』, 21세기북스 2023. |

| 별것 | 282 | 『누가 맨 먼저 생각했을까』, 푸른숲주니어 2009. |
| 별자리 | 125 | 『우리 문화 박물지』, 디자인하우스 2022. |
| 병 | 240 | 『하나의 나뭇잎이 흔들릴 때·현대인이 잃어버린 것들』, 21세기북스 2023. |
| 병상 | 241 | 『하나의 나뭇잎이 흔들릴 때·현대인이 잃어버린 것들』, 21세기북스 2023. |
| 병풍 | 73 | 『다시 한번 날게 하소서』, 성안당 2022. |
| 보다 | 258 | 『말로 찾는 열두 달·거부하는 몸짓으로 이 젊음을』, 21세기북스 2023. / 『이어령의 책 한 권에 담긴 뜻』, 국학자료원 2022. |
| 보석 | 38 | 『인문학 콘서트 2』, 이숲 2010. |
| 봄 | 89 | 『뉴에이스 문장사전』, 금성출판사 2004. / 『어머니를 위한 여섯 가지 은유』, 열림원 2022. |
| 부드러움 | 238 | 『이어령의 가위바위보 문명론』, 마로니에북스 2015. |
| 부르주아 | 175 | 『뉴에이스 문장사전』, 금성출판사 2004. |
| 부엌 | 175 | 『뉴에이스 문장사전』, 금성출판사 2004. |
| 부정 | 36 | 『인문학 콘서트 2』, 이숲 2010. |
| 부조리 | 277 | 『하나의 나뭇잎이 흔들릴 때·현대인이 잃어버린 것들』, 21세기북스 2023. |
| 부족 | 231 | 『뉴에이스 문장사전』, 금성출판사 2004. |
| 부평초 | 105 | 『뉴에이스 문장사전』, 금성출판사 2004. |
| 북풍 | 102 | 『뉴에이스 문장사전』, 금성출판사 2004. |
| 분노 | 218 | 『노한 젊은 세대』, 민예사 1986. |
| 불구 | 250 | 『뉴에이스 문장사전』, 금성출판사 2004. |
| 불꽃 | 251 | 『뉴에이스 문장사전』, 금성출판사 2004. / 『말로 찾는 열두 달·거부하는 몸짓으로 이 젊음을』, 21세기북스 2023. |
| 불량품 | 191 | 『읽고 싶은 이어령』, 여백 2021. |
| 브레이크 | 123 | 『푸는 문화 신바람의 문화·문화 코드』, 21세기북스 2023. |
| 비 | 85 | 『차 한 잔의 사상』, 21세기북스 2023. |
|  | 239 | 『나, 너 그리고 나눔』, 21세기북스 2023. |
| 비교 | 247 | 『뉴에이스 문장사전』, 금성출판사 2004. |
| 비극 | 161 | 『말로 찾는 열두 달·거부하는 몸짓으로 이 젊음을』, 21세기북스 2023. / 『읽고 싶은 이어령』, 여백 2021. |
| 비밀 | 312 | 『하나의 나뭇잎이 흔들릴 때·현대인이 잃어버린 것들』, 21세기북스 2023. |
| 비상 | 13 | 『다시 한번 날게 하소서』, 성안당 2022. |
| 비움 | 295 | 『짧은 이야기, 긴 생각』, 아이스크림미디어 2014. |

| | | |
|---|---|---|
| 비행기 | 180 | 『바람이 불어오는 곳』, 21세기북스 2023. |
| 빈터 | 147 | 『하나의 나뭇잎이 흔들릴 때·현대인이 잃어버린 것들』, 21세기북스 2023. |
| 빛 | 32 | 『눈물 한 방울』, 김영사 2022. |
| | 340 | 『어머니를 위한 여섯 가지 은유』, 열림원 2022. |
| 뽕나무 | 101 | 『뉴에이스 문장사전』, 금성출판사 2004. |
| 뿌리 | 80 | 『뉴에이스 문장사전』, 금성출판사 2004. |
| | 137 | 『뉴에이스 문장사전』, 금성출판사 2004. |
| | 263 | 『뜻으로 읽는 한국어사전·신화 속의 한국정신』, 21세기북스 2023. |

## ㅅ

| | | |
|---|---|---|
| 사라지다 | 316 | 『진리는 나그네·노래여 천년의 노래여』, 21세기북스 2023. |
| 사람 | 285 | 『너 정말 우리말 아니?』, 푸른숲주니어 2009. |
| 사랑 | 57 | 『눈물 한 방울』, 김영사 2022. |
| 사막 | 176 | 『뉴에이스 문장사전』, 금성출판사 2004. |
| 사상 | 138 | 『뉴에이스 문장사전』, 금성출판사 2004. /『하나의 나뭇잎이 흔들릴 때·현대인이 잃어버린 것들』, 21세기북스 2023. |
| 사색 | 112 | 『하나의 나뭇잎이 흔들릴 때·현대인이 잃어버린 것들』, 21세기북스 2023. |
| 사이 | 20 | 『눈물 한 방울』, 김영사 2022. |
| 사회 | 127 | 『의문은 지성을 낳고 믿음은 영성을 낳는다』, 열림원 2017. |
| 살인 | 250 | 『뉴에이스 문장사전』, 금성출판사 2004. |
| 삶 | 325 | 『뉴에이스 문장사전』, 금성출판사 2004. |
| 삼년상 | 202 | 『짧은 이야기, 긴 생각』, 아이스크림미디어 2014. |
| 삼여 | 73 | 『거시기 머시기』, 김영사 2022. |
| 상상력 | 261 | 『읽고 싶은 이어령』, 여백 2021. |
| 상실 | 167 | 『나, 너 그리고 나눔』, 21세기북스 2023. /『말로 찾는 열두 달·거부하는 몸짓으로 이 젊음을』, 21세기북스 2023. |
| 상업 | 151 | 『흙 속에 저 바람 속에·오늘보다 긴 이야기』, 21세기북스 2023. |
| 상처 | 235 | 『말로 찾는 열두 달·거부하는 몸짓으로 이 젊음을』, 21세기북스 2023. |
| 상품 | 177 | 『이어령의 지의 최전선』, 아르테 2016. /『하나의 나뭇잎이 흔들릴 때·현대인이 잃어버린 것들』, 21세기북스 2023. |

| | | |
|---|---|---|
| 새 | 242 | 『이어령, 80년 생각』, 위즈덤하우스 2021. |
| 새것 | 289 | 『누가 맨 먼저 생각했을까』, 푸른숲주니어 2009. |
| 새벽 | 111 | 『뉴에이스 문장사전』, 금성출판사 2004. / 『말로 찾는 열두 달·거부하는 몸짓으로 이 젊음을』, 21세기북스 2023. |
| 새천년 | 130 | 『너 어디에서 왔니』, 파람북 2020. |
| 색 | 316 | 『흙 속에 저 바람 속에·오늘보다 긴 이야기』, 21세기북스 2023. |
| 생각 | 291 | 『생각 깨우기』, 푸른숲주니어 2009. |
| 생기 | 19 | 『거시기 머시기』, 김영사 2022. |
| 생명 | 308 | 『나, 너 그리고 나눔』, 21세기북스 2023. |
| 생명력 | 309 | 『지성과 영성의 만남』, 홍성사 2012. / 『하나의 나뭇잎이 흔들릴 때·현대인이 잃어버린 것들』, 21세기북스 2023. |
| 생애 | 311 | 『어머니를 위한 여섯 가지 은유』, 열림원 2022. |
| 생활 | 41 | 『눈물 한 방울』, 김영사 2022. |
| 서재 | 175 | 『뉴에이스 문장사전』, 금성출판사 2004. |
| 선인장 | 105 | 『뉴에이스 문장사전』, 금성출판사 2004. |
| 설거지 | 152 | 『지성에서 영성으로』, 열림원 2017. |
| 설득 | 249 | 『뉴에이스 문장사전』, 금성출판사 2004. |
| 성장 | 227 | 『너 어디에서 왔니』, 파람북 2020. / 『말로 찾는 열두 달·거부하는 몸짓으로 이 젊음을』, 21세기북스 2023. |
| 세기말 | 183 | 『진리는 나그네·노래여 천년의 노래여』, 21세기북스 2023. |
| 세다 | 290 | 『눈물 한 방울』, 김영사 2022. |
| 세대 | 149 | 『말로 찾는 열두 달·거부하는 몸짓으로 이 젊음을』, 21세기북스 2023. |
| 세상일 | 211 | 『생각을 달리자』, 푸른숲주니어 2009. |
| 소리 | 84 | 『말로 찾는 열두 달·거부하는 몸짓으로 이 젊음을』, 21세기북스 2023. |
| | 123 | 『푸는 문화 신바람의 문화·문화 코드』, 21세기북스 2023. |
| | 340 | 『하나의 나뭇잎이 흔들릴 때·현대인이 잃어버린 것들』, 21세기북스 2023. |
| 소멸 | 318 | 『너 어디에서 왔니』, 파람북 2020. |
| 소유 | 41 | 『다시 한번 날게 하소서』, 성안당 2022. |
| | 251 | 『말로 찾는 열두 달·거부하는 몸짓으로 이 젊음을』, 21세기북스 2023. / 『하나의 나뭇잎이 흔들릴 때·현대인이 잃어버린 것들』, 21세기북스 2023. |
| 소프트 파워 | 135 | 『푸는 문화 신바람의 문화·문화 코드』, 21세기북스 2023. |
| 속도 | 76 | 『눈물 한 방울』, 김영사 2022. |

| | | |
|---|---|---|
| | 173 | 『젊은이여 한국을 이야기하자』, 21세기북스 2023. |
| 솔개 | 105 | 『뉴에이스 문장사전』, 금성출판사 2004. |
| 순간 | 342 | 『글로벌 시대의 희망 미래 설계도』, 아카넷 2008. |
| 술래 | 137 | 『말로 찾는 열두 달·거부하는 몸짓으로 이 젊음을』, 21세기북스 2023. |
| 숨 | 28 | 『눈물 한 방울』, 김영사 2022. |
| 숨바꼭질 | 292 | 『짧은 이야기, 긴 생각』, 아이스크림미디어 2014. |
| 쉼표 | 294 | 『누가 맨 먼저 생각했을까』, 푸른숲주니어 2009. |
| 스승 | 230 | 『뜻으로 읽는 한국어사전·신화 속의 한국정신』, 21세기북스 2023. |
| 슬픔 | 32 | 『눈물 한 방울』, 김영사 2022. |
| | 316 | 『하나의 나뭇잎이 흔들릴 때·현대인이 잃어버린 것들』, 21세기북스 2023. |
| 승리 | 188 | 『뜻으로 읽는 한국어사전·신화 속의 한국정신』, 21세기북스 2023. |
| 시간 | 12 | 『너 정말 우리말 아니?』, 푸른숲주니어 2009. |
| | 104 | 『하나의 나뭇잎이 흔들릴 때·현대인이 잃어버린 것들』, 21세기북스 2023. |
| | 213 | 『상상 놀이터, 자연과 놀자』, 푸른숲주니어 2009. |
| | 229 | 『읽고 싶은 이어령』, 여백 2021. |
| | 309 | 『이어령, 80년 생각』, 위즈덤하우스 2021. / 『차 한 잔의 사상』, 21세기북스 2023. |
| 식 | 276 | 『딸에게 보내는 굿나잇 키스』, 열림원 2021. |
| 식문화 | 63 | 『김치 천년의 맛』, 디자인하우스 2001. |
| 신 | 68 | 『눈물 한 방울』, 김영사 2022. |
| 신 포도 | 277 | 『의문은 지성을 낳고 믿음은 영성을 낳는다』, 열림원 2017. |
| 신록 | 337 | 『차 한 잔의 사상』, 21세기북스 2023. |
| 신발 | 75 | 『다시 한번 날게 하소서』, 성안당 2022. |
| 신화 | 152 | 『뉴에이스 문장사전』, 금성출판사 2004. / 『한국인의 신화』, 서문당, 1996. |
| 신화성 | 170 | 『기업과 문화의 충격』, 21세기북스 2023. |
| 실존 | 19 | 『거시기 머시기』, 김영사 2022. |
| | 327 | 『축소지향의 일본인』, 21세기북스 2023. |
| 실천 | 215 | 『나만의 영웅이 필요해』, 푸른숲주니어 2009. / 『생각 깨우기』, 푸른숲주니어 2009. |
| 실패 | 215 | 『생각을 달리자』, 푸른숲주니어 2009. |

| | | |
|---|---|---|
| 심사숙고 | 40 | 『다시 한번 날게 하소서』, 성안당 2022. |
| 씨앗 | 143 | 『읽고 싶은 이어령』, 여백 2021. |
| | 271 | 『읽고 싶은 이어령』, 여백 2021. |
| | 328 | 『기업과 문화의 충격』, 21세기북스 2023. |

## ㅇ

| | | |
|---|---|---|
| 아고라 | 127 | 『바람이 불어오는 곳』, 21세기북스 2023. |
| 아기집 | 23 | 『뜨자, 날자 한국인』, 푸른숲주니어 2009. |
| 아날로그 | 182 | 『이어령의 지의 최전선』, 아르테 2016. |
| 아름다움 | 8 | 『나만의 영웅이 필요해』, 푸른숲주니어 2009. |
| 아버지 | 24 | 『짧은 이야기, 긴 생각』, 아이스크림미디어 2014. |
| 아이 | 275 | 『나를 찾는 술래잡기』, 문학사상 1994. /『하나의 나뭇잎이 흔들릴 때·현대인이 잃어버린 것들』, 21세기북스 2023. |
| 아침 | 265 | 『젊은이여 한국을 이야기하자』, 21세기북스 2023. |
| 아토피 | 49 | 『거시기 머시기』, 김영사 2022. |
| 아픔 | 30 | 『눈물 한 방울』, 김영사 2022. |
| 알 | 334 | 『말로 찾는 열두 달·거부하는 몸짓으로 이 젊음을』, 21세기북스 2023. |
| 알맹이 | 117 | 『나, 너 그리고 나눔』, 21세기북스 2023. |
| 애국 | 125 | 『바람이 불어오는 곳』, 21세기북스 2023. |
| 애증 | 220 | 『작별』, 성안당 2022. |
| 야생마 | 291 | 『생각 깨우기』, 푸른숲주니어 2009. |
| 약육강식 | 87 | 『뜻으로 읽는 한국어사전·신화 속의 한국정신』, 21세기북스 2023. |
| 양극 | 340 | 『흙 속에 저 바람 속에·오늘보다 긴 이야기』, 21세기북스 2023. |
| 어기여 | 185 | 『생명이 자본이다』, 마로니에북스 2013. |
| 어깨동무 | 331 | 『뉴에이스 문장사전』, 금성출판사 2004. |
| 어둠 | 336 | 『젊은이여 한국을 이야기하자』, 21세기북스 2023. |
| 어른 | 232 | 『하나의 나뭇잎이 흔들릴 때·현대인이 잃어버린 것들』, 21세기북스 2023. |
| 어머니 | 24 | 『짧은 이야기, 긴 생각』, 아이스크림미디어 2014. |
| 언어 | 60 | 『거시기 머시기』, 김영사 2022. |
| 엇비슷 | 45 | 『한국의 명강의』, 마음의숲 2009. |
| 여가 | 120 | 『푸는 문화 신바람의 문화·문화 코드』, 21세기북스 2023. |

| | | |
|---|---|---|
| | 190 | 『푸는 문화 신바람의 문화·문화 코드』, 21세기북스 2023. |
| 여론 | 118 | 『푸는 문화 신바람의 문화·문화 코드』, 21세기북스 2023. |
| 여름 | 83 | 『차 한 잔의 사상』, 21세기북스 2023. / 『하나의 나뭇잎이 흔들릴 때·현대인이 잃어버린 것들』, 21세기북스 2023. |
| | 253 | 『차 한 잔의 사상』, 21세기북스 2023. |
| 여성미 | 207 | 『멋과 미』, 삼성출판사 1992. |
| 여행 | 246 | 『바람이 불어오는 곳』, 21세기북스 2023. |
| 역박쥐 | 68 | 『거시기 머시기』, 김영사 2022. |
| 역사 | 119 | 『뉴에이스 문장사전』, 금성출판사 2004. / 『말로 찾는 열두 달·거부하는 몸짓으로 이 젊음을』, 21세기북스 2023. / 『바람이 불어오는 곳』, 21세기북스 2023. / 『하나의 나뭇잎이 흔들릴 때·현대인이 잃어버린 것들』, 21세기북스 2023. |
| 역설 | 228 | 『젊음의 탄생』, 마로니에북스 2013. |
| | 303 | 『인문학 콘서트 3』, 이숲 2011. |
| 역엔트로피 | 321 | 『생명이 자본이다』, 마로니에북스 2013. |
| 역전 | 274 | 『다시 한번 날게 하소서』, 성안당 2002. |
| 역풍 | 272 | 『이어령의 책 한 권에 담긴 뜻』, 국학자료원 2022. |
| 연기 | 236 | 『하나의 나뭇잎이 흔들릴 때·현대인이 잃어버린 것들』, 21세기북스 2023. |
| 열매 | 272 | 『뜻으로 읽는 한국어사전·신화 속의 한국정신』, 21세기북스 2023. |
| 영감 | 288 | 『누가 맨 먼저 생각했을까』, 푸른숲주니어 2009. |
| 영웅 | 187 | 『뜻으로 읽는 한국어사전·신화 속의 한국정신』, 21세기북스 2023. |
| 영원 | 93 | 『하나의 나뭇잎이 흔들릴 때·현대인이 잃어버린 것들』, 21세기북스 2023. |
| | 335 | 『일본문화와 상인정신』, 21세기북스 2023. / 『진리는 나그네·노래여 천년의 노래여』, 21세기북스 2023. |
| 오늘 | 343 | 『일본문화와 상인정신』, 21세기북스 2023. |
| 오합혜 | 50 | 『60 PEOPLE 60 KOREA 2』, 서강애드넷 2009. |
| 오해 | 251 | 『하나의 나뭇잎이 흔들릴 때·현대인이 잃어버린 것들』, 21세기북스 2023. |
| 온리 원 | 288 | 『글로벌 시대의 한국과 한국인』, 아카넷 2007. |
| 올림픽 | 138 | 『뉴에이스 문장사전』, 금성출판사 2004. |
| 완성 | 196 | 『나만의 영웅이 필요해』, 푸른숲주니어 2009. |
| | 284 | 『글로벌 시대의 한국과 한국인』, 아카넷 2007. |

| | | |
|---|---|---|
| 외로움 | 201 | 『새 천년의 한국 문화, 다른 것이 아름답다』, 이화여자대학교출판부 1999. |
| 외양 | 241 | 『진리는 나그네·노래여 천년의 노래여』, 21세기북스 2023. |
| 외할머니 | 205 | 『눈물 한 방울』, 김영사 2022. |
| 욕망 | 164 | 『이어령의 마지막 수업』, 열림원 2021. |
| 용 | 301 | 『거시기 머시기』, 김영사 2022. |
| 우리 | 44 | 『거시기 머시기』, 김영사 2022. |
| 우연 | 83 | 『뉴에이스 문장사전』, 금성출판사 2004. |
| 우주 | 325 | 『뉴에이스 문장사전』, 금성출판사 2004. |
| 운명 | 220 | 『노한 젊은 세대』, 민예사 1986. |
| 원 | 107 | 『생명이 자본이다』, 마로니에북스 2013. |
| 유교 | 139 | 『뉴에이스 문장사전』, 금성출판사 2004. |
| 유목 | 54 | 『눈물 한 방울』, 김영사 2022. |
| 유언 | 330 | 『이어령의 지의 최전선』, 아르테 2016. |
| 유용성 | 199 | 『눈물 한 방울』, 김영사 2022. |
| 유전자 | 314 | 『작별』, 성안당 2022. |
| 율동 | 338 | 『차 한 잔의 사상』, 21세기북스 2023. |
| 음성 | 313 | 『하나의 나뭇잎이 흔들릴 때·현대인이 잃어버린 것들』, 21세기북스 2023. |
| 응원 | 268 | 『젊음의 탄생』, 마로니에북스 2013. |
| 의미 | 213 | 『작별』, 성안당 2022. |
| 의식 | 138 | 『뉴에이스 문장사전』, 금성출판사 2004. |
| 이끼 | 154 | 『나, 너 그리고 나눔』, 21세기북스 2023. |
| 이름 | 131 | 『푸는 문화 신바람의 문화·문화 코드』, 21세기북스 2023. |
| 이미지 | 297 | 『생각 깨우기』, 푸른숲주니어 2009. |
| 이치 | 133 | 『축소지향의 일본인』, 21세기북스 2023. |
| 이타주의 | 176 | 『뜻으로 읽는 한국어사전·신화 속의 한국정신』, 21세기북스 2023. |
| 익다 | 215 | 『뜨자, 날자 한국인』, 푸른숲주니어 2009. |
| 인 | 71 | 『작별』, 성안당 2022. |
| 인간 | 308 | 『우물을 파는 사람』, 두란노 2012. |
| 인간소외 | 193 | 『푸는 문화 신바람의 문화·문화 코드』, 21세기북스 2023. |
| 인권 | 174 | 『이어령의 지의 최전선』, 아르테 2016. |
| 인문학 | 287 | 『인문학 콘서트 2』, 이숲 2010. |
| 인생 | 269 | 『푸는 문화 신바람의 문화·문화 코드』, 21세기북스 2023. / 『하나의 나뭇잎이 흔들릴 때·현대인이 잃어버린 것들』, 21세기북스 |

| | | |
|---|---|---|
| | | 2023. |
| | 308 | 『하나의 나뭇잎이 흔들릴 때·현대인이 잃어버린 것들』, 21세기북스 2023. |
| 인쇄 | 140 | 『뉴에이스 문장사전』, 금성출판사 2004. |
| 일 | 169 | 『읽고 싶은 이어령』, 여백 2021. |

## ㅈ

| | | |
|---|---|---|
| 자기 | 293 | 『생각을 달리자』, 푸른숲주니어 2009. |
| 자기 해체 | 274 | 『일본문화와 상인정신』, 21세기북스 2023. |
| 자연 | 80 | 『바람이 불어오는 곳』, 21세기북스 2023. |
| 자연 공경 | 91 | 『뜻으로 읽는 한국어사전·신화 속의 한국정신』, 21세기북스 2023. |
| 잘못하다 | 43 | 『거시기 머시기』, 김영사 2022. |
| 잠자리 | 100 | 『하나의 나뭇잎이 흔들릴 때·현대인이 잃어버린 것들』, 21세기북스 2023. |
| 잡 | 314 | 『새 천년의 한국 문화, 다른 것이 아름답다』, 이화여자대학교출판부 1999. |
| 장단점 | 215 | 『상상 놀이터, 자연과 놀자』, 푸른숲주니어 2009. |
| 장독대 | 64 | 『김치 천년의 맛』, 디자인하우스 2001. |
| 장애 | 17 | 『나만의 영웅이 필요해』, 푸른숲주니어 2009. |
| 저항 | 331 | 『하나의 나뭇잎이 흔들릴 때·현대인이 잃어버린 것들』, 21세기북스 2023. |
| 전쟁 | 186 | 『뜻으로 읽는 한국어사전·신화 속의 한국정신』, 21세기북스 2023. |
| 전통 | 133 | 『뉴에이스 문장사전』, 금성출판사 2004. |
| 전파 | 186 | 『하나의 나뭇잎이 흔들릴 때·현대인이 잃어버린 것들』, 21세기북스 2023. |
| 전화 | 16 | 『눈물 한 방울』, 김영사 2022. |
| 절대 | 197 | 『너 정말 우리말 아니?』, 푸른숲주니어 2009. |
| 절대 윤리 | 146 | 『의문은 지성을 낳고 믿음은 영성을 낳는다』, 열림원 2017. |
| 젊음 | 236 | 『뉴에이스 문장사전』, 금성출판사 2004. / 『젊은이여 한국을 이야기하자』, 21세기북스 2023./ 『젊음의 탄생』, 마로니에북스 2013. |
| 집 | 75 | 『눈물 한 방울』, 김영사 2022. |

| | | |
|---|---|---|
| 접동새 | 107 | 『뉴에이스 문장사전』, 금성출판사 2004. |
| 정 | 16 | 『작별』, 성안당 2022. |
| | 71 | 『새 천년의 한국 문화, 다른 것이 아름답다』, 이화여자대학교출판부 1999. |
| | 260 | 『젊은이여 한국을 이야기하자』, 21세기북스 2023. |
| 정보 | 68 | 『새 천년의 한국 문화, 다른 것이 아름답다』, 이화여자대학교출판부 1999. |
| | 171 | 『의문은 지성을 낳고 믿음은 영성을 낳는다』, 열림원 2017. |
| 정보통신 | 72 | 『짧은 이야기, 긴 생각』, 아이스크림미디어 2014. |
| 정복 | 50 | 『글로벌 시대의 한국과 한국인』, 아카넷 2007. |
| 정신 | 196 | 『생각을 달리자』, 푸른숲주니어 2009. |
| 정적 | 242 | 『이어령, 80년 생각』, 위즈덤하우스 2021. |
| 정점 | 83 | 『이어령의 삼국유사 이야기』, 서정시학 2011. |
| 정직 | 266 | 『차 한 잔의 사상』, 21세기북스 2023. |
| 정치가 | 172 | 『말 속의 말』, 두산동아 1996. |
| 제어 | 59 | 『눈물 한 방울』, 김영사 2022. |
| 제자리 | 197 | 『상상 놀이터, 자연과 놀자』, 푸른숲주니어 2009. |
| 조화 | 93 | 『읽고 싶은 이어령』, 여백 2021. |
| 존재 | 29 | 『눈물 한 방울』, 김영사 2022. |
| 존중 | 221 | 『뜨자, 날자 한국인』, 푸른숲주니어 2009. |
| 종이 | 286 | 『로그인, 정보를 잡아라!』, 푸른숲주니어 2009. |
| 좌우지간 | 37 | 『인문학 콘서트 3』, 이숲 2011. |
| | 188 | 『뜻으로 읽는 한국어사전·신화 속의 한국정신』, 21세기북스 2023. |
| 죽음 | 121 | 『뜻으로 읽는 한국어사전·신화 속의 한국정신』, 21세기북스 2023. |
| | 312 | 『뜻으로 읽는 한국어사전·신화 속의 한국정신』, 21세기북스 2023. / 『지성에서 영성으로』, 열림원 2017. / 『축소지향의 일본인』, 21세기북스 2023. |
| 죽이다 | 42 | 『거시기 머시기』, 김영사 2022. |
| 준비 | 329 | 『읽고 싶은 이어령』, 여백 2021. |
| 즐거움 | 127 | 『푸는 문화 신바람의 문화·문화 코드』, 21세기북스 2023. |
| 지다 | 214 | 『작별』, 성안당 2022. |
| 지문 | 230 | 『짧은 이야기, 긴 생각』, 아이스크림미디어 2014. |
| 지식 | 56 | 『나만의 영웅이 필요해』, 푸른숲주니어 2009. |
| 지식재산 | 146 | 『이어령의 지의 최전선』, 아르테 2016. |

| | | |
|---|---|---|
| 지우개 | 22 | 『눈물 한 방울』, 김영사 2022. |
| 지평선 | 286 | 『생각이 뛰어노는 한자』, 푸른숲주니어 2009. |
| 지혜 | 257 | 『뜻으로 읽는 한국어사전·신화 속의 한국정신』, 21세기북스 2023. / 『이어령의 마지막 수업』, 열림원 2021. |
| 직립 | 293 | 『당신의 아이는 행복한가요?』, 디자인하우스 2001. |
| 직면 | 342 | 『뉴에이스 문장사전』, 금성출판사 2004. |
| 직선 | 176 | 『흙 속에 저 바람 속에·오늘보다 긴 이야기』, 21세기북스 2023. |
| 진리 | 200 | 『생각 깨우기』, 푸른숲주니어 2009. |
| | 234 | 『의문은 지성을 낳고 믿음은 영성을 낳는다』, 열림원 2017. / 『이어령의 책 한 권에 담긴 뜻』, 국학자료원 2022. |
| 진선미 | 121 | 『딸에게 보내는 굿나잇 키스』, 열림원 2021. |
| 진실 | 257 | 『우물을 파는 사람』, 두란노 2012. |
| 진짜 | 142 | 『젊은이여 한국을 이야기하자』, 21세기북스 2023. |
| 진화 | 110 | 『너 누구니』, 파람북 2022. / 『너 어디에서 왔니』, 파람북 2020. |
| 질문 | 70 | 『거시기 머시기』, 김영사 2022. |
| 집 | 160 | 『젊은이여 한국을 이야기하자』, 21세기북스 2023. |
| | 317 | 『의문은 지성을 낳고 믿음은 영성을 낳는다』, 열림원 2017. |
| 징검다리 | 298 | 『짧은 이야기, 긴 생각』, 아이스크림미디어 2014. |
| 짝 | 198 | 『뜨자, 날자 한국인』, 푸른숲주니어 2009. |

## ㅊ

| | | |
|---|---|---|
| 차 | 108 | 『축소지향의 일본인』, 21세기북스 2023. |
| 창살 | 283 | 『생각 깨우기』, 푸른숲주니어 2009. |
| 책 | 49 | 『거시기 머시기』, 김영사 2022. |
| 책임 | 200 | 『짧은 이야기, 긴 생각』, 아이스크림미디어 2014. |
| 천재 | 147 | 『우물을 파는 사람』, 두란노 2012. |
| 천지인 | 221 | 『뜨자, 날자 한국인』, 푸른숲주니어 2009. |
| 철 | 12 | 『너 정말 우리말 아니?』, 푸른숲주니어 2009. |
| | 93 | 『뜻으로 읽는 한국어사전·신화 속의 한국정신』, 21세기북스 2023. |
| | 266 | 『젊은이여 한국을 이야기하자』, 21세기북스 2023. |
| 첫사랑 | 20 | 『짧은 이야기, 긴 생각』, 아이스크림미디어 2014. |
| 청색 | 106 | 『흙 속에 저 바람 속에·오늘보다 긴 이야기』, 21세기북스 2023. |
| 청춘 | 77 | 『눈물 한 방울』, 김영사 2022. |

| | | |
|---|---|---|
| 추위 | 101 | 『뉴에이스 문장사전』, 금성출판사 2004. |
| 추임새 | 334 | 『딸에게 보내는 굿나잇 키스』, 열림원 2021. |
| 춘설 | 89 | 『차 한 잔의 사상』, 21세기북스 2023. |
| 출가 | 263 | 『진리는 나그네·노래여 천년의 노래여』, 21세기북스 2023. |
| 출생 | 313 | 『너 어디에서 왔니』, 파람북 2020. |
| 춤 | 126 | 『뉴에이스 문장사전』, 금성출판사 2004. / 『축소지향의 일본인』, 21세기북스 2023. |
| 치료 | 243 | 『우리 문화 박물지』, 디자인하우스 2022. |
| 치매 | 201 | 『짧은 이야기, 긴 생각』, 아이스크림미디어 2014. |
| 치수 | 170 | 『우리 문화 박물지』, 디자인하우스 2022. |
| 치장 | 252 | 『뉴에이스 문장사전』, 금성출판사 2004. |
| 친절 | 166 | 『읽고 싶은 이어령』, 여백 2021. |

## ㅋ

| | | |
|---|---|---|
| 카오스 | 322 | 『뉴에이스 문장사전』, 금성출판사 2004. |
| 코 | 206 | 『눈물 한 방울』, 김영사 2022. |
| 콜라 | 163 | 『흙 속에 저 바람 속에·오늘보다 긴 이야기』, 21세기북스 2023. |
| 큰일 | 270 | 『젊은이여 한국을 이야기하자』, 21세기북스 2023. |

## ㅌ

| | | |
|---|---|---|
| 타란텔라 | 241 | 『어머니와 아이가 만드는 세상·시와 함께 살다』, 21세기북스 2023. |
| 탄생 | 323 | 『너 어디에서 왔니』, 파람북 2020. / 『딸에게 보내는 굿나잇 키스』, 열림원 2021. / 『어머니를 위한 여섯 가지 은유』, 열림원 2022. / 『하나의 나뭇잎이 흔들릴 때·현대인이 잃어버린 것들』, 21세기북스 2023. |
| 태내 | 336 | 『말로 찾는 열두 달·거부하는 몸짓으로 이 젊음을』, 21세기북스 2023. |
| 태도 | 276 | 『하나의 나뭇잎이 흔들릴 때·현대인이 잃어버린 것들』, 21세기북스 2023. |
| 태아 | 315 | 『너 어디에서 왔니』, 파람북 2020. |
| 태양 | 252 | 『뉴에이스 문장사전』, 금성출판사 2004. |

| | | |
|---|---|---|
| 택일 | 39 | 『새 천년의 한국 문화, 다른 것이 아름답다』, 이화여자대학교출판부 1999. |
| 텔레비전 | 168 | 『나, 너 그리고 나눔』, 21세기북스 2023. |
| 통합 | 65 | 『김치 천년의 맛』, 디자인하우스 2001. |
| 투우 | 330 | 『뉴에이스 문장사전』, 금성출판사 2004. |
| 튤립 | 100 | 『뉴에이스 문장사전』, 금성출판사 2004. |
| 틀 | 288 | 『나만의 영웅이 필요해』, 푸른숲주니어 2009. |

## ㅍ

| | | |
|---|---|---|
| 파도 | 109 | 『축소지향의 일본인』, 21세기북스 2023. |
| 파멸 | 88 | 『생명이 자본이다』, 마로니에북스 2013. |
| 판단 | 253 | 『뉴에이스 문장사전』, 금성출판사 2004. |
| 팔씨름 | 30 | 『눈물 한 방울』, 김영사 2022. |
| 팽이 | 31 | 『눈물 한 방울』, 김영사 2022. |
| 폭력 | 100 | 『하나의 나뭇잎이 흔들릴 때·현대인이 잃어버린 것들』, 21세기북스 2023. |
| 풀 | 302 | 『다시 한번 날게 하소서』, 성안당 2022. |
| 풀다 | 55 | 『한·일 문화의 동질성과 이질성』, 신구미디어 1993. |
| 풍경 | 26 | 『튼튼한 지구에서 살고 싶어』, 푸른숲주니어 2009. |
| 프리즘 | 109 | 『어머니와 아이가 만드는 세상·시와 함께 살다』, 21세기북스 2023. |
| 플라이어 | 304 | 『작별』, 성안당 2022. |
| 플레이 | 201 | 『짧은 이야기, 긴 생각』, 아이스크림미디어 2014. |
| 필요 | 198 | 『상상 놀이터, 자연과 놀자』, 푸른숲주니어 2009. |

## ㅎ

| | | |
|---|---|---|
| 하나 | 91 | 『일본문화와 상인정신』, 21세기북스 2023. |
| 하루 | 44 | 『거시기 머시기』, 김영사 2022. |
| | 331 | 『뉴에이스 문장사전』, 금성출판사 2004. |
| 학 | 56 | 『다시 한번 날게 하소서』, 성안당 2022. |
| 한글 | 47 | 『작별』, 성안당 2022. /『인문학 콘서트 3』, 이숲 2011. |
| 항로 | 197 | 『60 PEOPLE 60 KOREA 2』, 서강애드넷 2009. |

| | | |
|---|---|---|
| 해바라기 | 97 | 『뉴에이스 문장사전』, 금성출판사 2004. |
| 해저 | 304 | 『인문학 콘서트 3』, 이숲 2011. |
| 행동 | 286 | 『생각 깨우기』, 푸른숲주니어 2009. |
| 행복 | 276 | 『소설로 떠나는 영성순례』, 포이에마 2014. |
| 허상 | 310 | 『뜻으로 읽는 한국어사전·신화 속의 한국정신』, 21세기북스 2023. |
| 헤어스타일 | 137 | 『뉴에이스 문장사전』, 금성출판사 2004. |
| | 210 | 『멋과 미』, 삼성출판사 1992. |
| 헴록 | 61 | 『거시기 머시기』, 김영사 2022. |
| 현대인 | 158 | 『뉴에이스 문장사전』, 금성출판사 2004. / 『하나의 나뭇잎이 흔들릴 때·현대인이 잃어버린 것들』, 21세기북스 2023. |
| 현실 | 310 | 『나, 너 그리고 나눔』, 21세기북스 2023. |
| 현재형 | 226 | 『말로 찾는 열두 달·거부하는 몸짓으로 이 젊음을』, 21세기북스 2023. |
| 혈액형 | 315 | 『말로 찾는 열두 달·거부하는 몸짓으로 이 젊음을』, 21세기북스 2023. |
| 형용사 | 192 | 『하나의 나뭇잎이 흔들릴 때·현대인이 잃어버린 것들』, 21세기북스 2023. |
| 호흡 | 33 | 『거시기 머시기』, 김영사 2022. |
| 황금 | 171 | 『어머니를 위한 여섯 가지 은유』, 열림원 2022. |
| 휴머니즘 | 159 | 『뉴에이스 문장사전』, 금성출판사 2004. |
| | 216 | 『노한 젊은 세대』, 민예사 1986. |
| | 244 | 『나, 너 그리고 나눔』, 21세기북스 2023. |
| 흉몽 | 262 | 『뜻으로 읽는 한국어사전·신화 속의 한국정신』, 21세기북스 2023. |
| 흉터 | 29 | 『눈물 한 방울』, 김영사 2022. |
| | 259 | 『젊은이여 한국을 이야기하자』, 21세기북스 2023. |
| 흔적 | 48 | 『거시기 머시기』, 김영사 2022. |
| 흙 | 128 | 『바람이 불어오는 곳』, 21세기북스 2023. |
| | 325 | 『튼튼한 지구에서 살고 싶어』, 푸른숲주니어 2009. |
| 희망 | 23 | 『눈물 한 방울』, 김영사 2022. |
| | 273 | 『말로 찾는 열두 달·거부하는 몸짓으로 이 젊음을』, 21세기북스 2023. |
| 흰빛 | 160 | 『말로 찾는 열두 달·거부하는 몸짓으로 이 젊음을』, 21세기북스 2023. |
| 히피 | 135 | 『말로 찾는 열두 달·거부하는 몸짓으로 이 젊음을』, 21세기북스 |

|  |  | 2023. |
|---|---|---|
| 힘 | 136 | 『축소지향의 일본인』, 21세기북스 2023. |

## 기타

| 12월 | 102 | 『뉴에이스 문장사전』, 금성출판사 2004. |
|---|---|---|
| 1등 | 197 | 『짧은 이야기, 긴 생각』, 아이스크림미디어 2014. |
| 1밀리미터 | 298 | 『60 PEOPLE 60 KOREA 2』, 서강애드넷 2009. |
| 21세기 | 294 | 『다시 한번 날게 하소서』, 성안당 2022. |
| 35억 년 | 293 | 『튼튼한 지구에서 살고 싶어』, 푸른숲주니어 2009. |
| 3월 | 90 | 『차 한 잔의 사상』, 21세기북스 2023. |
| 5월 | 90 | 『차 한 잔의 사상』, 21세기북스 2023. |
| 7월 | 92 | 『뉴에이스 문장사전』, 금성출판사 2004. |

## 저작물 목록

김만조 외, 『김치 천년의 맛』(공저), 디자인하우스 2001.
김민희 외, 『이어령, 80년 생각』(공저), 위즈덤하우스 2021.
김정운 외, 『인문학 콘서트 2』(공저), 이숲 2010.
김지수 외, 『이어령의 마지막 수업』(공저), 열림원 2021.
김형석 외, 『우리는 무엇으로 행복해지나』(공저), 프런티어 2016.
김훈 외, 『글로벌 시대의 희망 미래 설계도』(공저), 아카넷 2008.
박세일 외, 『대한민국 국격을 생각한다』(공저), 올림 2010.
박종홍 외, 『노한 젊은 세대』(공저), 민예사 1986.
송호근 외, 『인문학 콘서트 3』(공저), 이숲 2011.
신영복 외, 『한국의 명강의』(공저), 마음의숲 2009.
이광규 외, 『한·일 문화의 동질성과 이질성』(공저), 신구미디어 1993.
이시형 외, 『멋과 미』(공저), 삼성출판사 1992.
이어령, 『나를 찾는 술래잡기』, 문학사상 1994.
   『한국인의 신화』, 서문당 1996.
   『말 속의 말』, 두산동아 1996.
   『뉴에이스 문장사전』, 금성출판사 2004.
   『생각 깨우기』, 푸른숲주니어 2009.
   『생각을 달리자』, 푸른숲주니어 2009.
   『누가 맨 먼저 생각했을까』, 푸른숲주니어 2009.
   『너 정말 우리말 아니?』, 푸른숲주니어 2009.
   『뜨자, 날자 한국인』, 푸른숲주니어 2009.
   『생각이 뛰어노는 한자』, 푸른숲주니어 2009.
   『나만의 영웅이 필요해』, 푸른숲주니어 2009.
   『로그인, 정보를 잡아라!』, 푸른숲주니어 2009.
   『튼튼한 지구에서 살고 싶어』, 푸른숲주니어 2009.
   『상상 놀이터, 자연과 놀자』, 푸른숲주니어 2009.
   『이어령의 삼국유사 이야기』, 서정시학 2011.
   『우물을 파는 사람』, 두란노 2012.
   『젊음의 탄생』, 마로니에북스 2013.
   『생명이 자본이다』, 마로니에북스 2013.
   『짧은 이야기, 긴 생각』, 아이스크림미디어 2014.
   『소설로 떠나는 영성순례』, 포이에마 2014.
   『이어령의 가위바위보 문명론』, 마로니에북스 2015.
   『이어령의 보자기 인문학』, 마로니에북스 2015.
   『어느 무신론자의 기도』, 열림원 2016.
   『의문은 지성을 낳고 믿음은 영성을 낳는다』, 열림원 2017.

『지성에서 영성으로』, 열림원 2017.
『너 어디에서 왔니』, 파람북 2020.
『읽고 싶은 이어령』, 여백 2021.
『딸에게 보내는 굿나잇 키스』, 열림원 2021.
『우리 문화 박물지』, 디자인하우스 2022.
『이어령의 책 한 권에 담긴 뜻』, 국학자료원 2022.
『다시 한번 날게 하소서』, 성안당 2022.
『너 누구니』, 파람북 2022.
『거시기 머시기』, 김영사 2022.
『어머니를 위한 여섯 가지 은유』, 열림원 2022.
『눈물 한 방울』, 김영사 2022.
『작별』, 성안당 2022.
『말로 찾는 열두 달·거부하는 몸짓으로 이 젊음을』, 21세기북스 2023.
『흙 속에 저 바람 속에·오늘보다 긴 이야기』, 21세기북스 2023.
『축소지향의 일본인』, 21세기북스 2023.
『하나의 나뭇잎이 흔들릴 때·현대인이 잃어버린 것들』, 21세기북스 2023.
『뜻으로 읽는 한국어사전·신화 속의 한국정신』, 21세기북스 2023.
『젊은이여 한국을 이야기하자』, 21세기북스 2023.
『바람이 불어오는 곳』, 21세기북스 2023.
『진리는 나그네·노래여 천년의 노래여』, 21세기북스 2023.
『차 한 잔의 사상』, 21세기북스 2023.
『어머니와 아이가 만드는 세상·시와 함께 살다』, 21세기북스 2023.
『일본문화와 상인정신』, 21세기북스 2023.
『기업과 문화의 충격』, 21세기북스 2023.
『푸는 문화 신바람의 문화·문화 코드』, 21세기북스 2023.
『나, 너 그리고 나눔』, 21세기북스 2023.

이재철 외, 『지성과 영성의 만남』(공저), 홍성사 2012.
장상 외, 『새 천년의 한국 문화, 다른 것이 아름답다』(공저), 이화여자대학교출판부 1999.
정형모 외, 『이어령의 지의 최전선』(공저), 아르테 2016.
조성관 외, 『한국의 명문』(공저), 월간조선사 2001.
조한혜정 외, 『당신의 아이는 행복한가요?』(공저), 디자인하우스 2001.
최열 외, 『글로벌 시대의 한국과 한국인』(공저), 아카넷 2007.
최재천 외, 『60 PEOPLE 60 KOREA 2』(공저), 서강애드넷 2009.
황인정 외, 『동창이 밝았느냐』(공저), 동화출판사 1993.

# 이어령의 말 II

초판 1쇄 발행  2025년  8월 27일
초판 2쇄 발행  2025년 12월 29일

지은이 이어령
펴낸이 최동혁
편집위원 김민희 김승희 최윤

펴낸곳 ㈜세계사컨텐츠그룹
주소 06168 서울시 강남구 테헤란로 507 WeWork빌딩 8층
이메일 plan@segyesa.co.kr 홈페이지 www.segyesa.co.kr
출판등록 1988년 12월 7일(제406-2004-003호)
인쇄 예림 제본 제이엠플러스

ⓒ 이어령 2025. Printed in Seoul, Korea.

ISBN 978-89-338-0356-1 (04100)

- 책값은 뒤표지에 표시되어 있습니다.
- 이 책 내용의 전부 또는 일부를 재사용하려면 반드시 저작권자와 세계사 양측의 서면 동의를 받아야 합니다.
- 잘못 만들어진 책은 구입하신 곳에서 바꿔드립니다.